Cinema 4D
电商设计
从入门到精通

黄子华 ◎ 编著

北京大学出版社
PEKING UNIVERSITY PRESS

内容提要

这是一本深入介绍电商设计与 Cinema 4D 应用的实用手册。书中第 1 章概述了电商设计的概念与特点，并探讨了电商设计中的挑战与解决方案。第 2 章详细介绍了 Cinema 4D 的基础界面布局和常规项目设计流程，帮助读者快速上手操作。第 3 章至第 7 章分别深入讲解了 Banner 设计、主图设计、直通车图设计、钻展图设计和承接页设计的全过程。每一章涵盖了从设计构成到建模、材质设置、灯光设计、渲染及后期处理的详细步骤和示范案例，帮助读者全面掌握电商设计的技巧与方法。

除了静态设计，本书还专门涵盖了主图视频的制作过程。第 8 章和第 9 章分别介绍了主图视频的脚本设计、动画制作、后期处理以及灯光与材质设置，让读者了解如何使用 Cinema 4D 创作引人注目的主图视频。最后，第 10 章探讨了材质贴图、灯光技法和摄像机运用的进阶技巧，拓宽读者的设计思路，并提升设计能力和创作层次。

本书适合电商从业者及对 Cinema 4D 感兴趣的设计爱好者阅读，还可以作为培训机构及大中专院校相关专业的教学指导用书。

图书在版编目（CIP）数据

Cinema 4D 电商设计从入门到精通 / 黄子华编著 .
北京：北京大学出版社，2024.9. -- ISBN 978-7-301
-35357-8

Ⅰ . F713.36；TP391.414
中国国家版本馆 CIP 数据核字第 2024S0Y624 号

书　　　名	Cinema 4D 电商设计从入门到精通 CINEMA 4D DIANSHANG SHEJI CONG RUMEN DAO JINGTONG
著作责任者	黄子华　编著
责 任 编 辑	刘　云　吴秀川
标 准 书 号	ISBN 978-7-301-35357-8
出 版 发 行	北京大学出版社
地　　　址	北京市海淀区成府路 205 号　100871
网　　　址	http://www.pup.cn　　新浪微博：@ 北京大学出版社
电 子 邮 箱	编辑部 pup7@pup.cn　　总编室 zpup@pup.cn
电　　　话	邮购部 010-62752015　　发行部 010-62750672　　编辑部 010-62570390
印 刷 者	北京宏伟双华印刷有限公司
经 销 者	新华书店
	787 毫米 ×1092 毫米　16 开本　14.5 印张　414 千字 2024 年 9 月第 1 版　2024 年 9 月第 1 次印刷
印　　　数	1-4000 册
定　　　价	89.00 元

未经许可，不得以任何方式复制或抄袭本书之部分或全部内容。
版权所有，侵权必究
举报电话：010-62752024　电子邮箱：fd@pup.cn
图书如有印装质量问题，请与出版部联系，电话：010-62756370

前言

本书旨在为 Cinema 4D 的初学者及有志于从事电商三维设计的设计师提供一套全面、实用且先进的学习教程。

本书凭借作者多年三维电商设计的实践经验，为读者提供了一系列高效的学习方法和技巧，内容涵盖了从软件基础操作到建模布线、材质纹理、灯光设计、渲染技术、动画制作、摄像机运镜等各个模块。同时，书中还包括适用于 Cinema 4D 的 Redshift 渲染器教程，详细讲解了材质 PBR 流程、灯光布置、渲染参数及后期合成等操作，可以帮助读者高效地创建出美观实用的专业三维设计作品。

我始终坚信，要真正掌握一款软件，关键在于能够将软件知识灵活运用于实际工作中。因此，在本书的每个章节中，读者将通过学习项目实战案例，全面掌握不同类型电商图片的尺寸要求、设计特点和技巧等关键知识点，并按照操作步骤，亲身体验从草图到成品的设计过程及其难点。在学习过程中，读者还可以通过拆解课程素材和源文件，深入了解模型与材质、渲染设置的细节技巧。

完成本书的学习后，读者不仅能够熟练运用 Cinema 4D 和 Redshift 渲染器，还将深入了解各类新媒体电商三维设计师的工作流程和步骤，从而实现学习与职场的无缝衔接，灵活应用所学知识，更快地将其转化为生产力。

本书赠送配套视频学习资源，读者可以用微信扫一扫右侧的二维码，关注微信公众号"博雅读书社"，输入本书 77 页的资源下载码，根据提示即可获取。

博雅读书社

目录

第 1 章 Cinema 4D 电商与三维设计

1.1 电商设计趋势 002
- 1.1.1 电商设计的特点 002
- 1.1.2 电商设计困境与出口 002
- 1.1.3 电商设计图构成 003

1.2 Cinema 4D 与电商设计 005
- 1.2.1 为什么 Cinema 4D 适合做电商设计？ 005
- 1.2.2 三维建模师如何与平面设计配合 006

第 2 章 Cinema 4D 基础入门

2.1 基础界面布局 009
- 2.1.1 界面功能分布 009
- 2.1.2 初始化设置 010
- 2.1.3 界面设置 010
- 2.1.4 对象面板 012
- 2.1.5 菜单栏 013
- 2.1.6 属性面板 015
- 2.1.7 时间轴 016
- 2.1.8 材质面板 016
- 2.1.9 视图窗口 017
- 2.1.10 坐标轴 018

2.2 常规项目设计流程 018
- 2.2.1 项目设置 018
- 2.2.2 建模 019
- 2.2.3 渲染 020
- 2.2.4 导出与后期 021
- 2.2.5 打包项目 022

第 3 章 Banner 设计与实战：礼盒装饰

3.1 Banner 基础构成 024
- 3.1.1 如何设计 Banner 024
- 3.1.2 形状与色彩构成 025
- 3.1.3 草稿设计 026
- 3.1.4 开始建模 026
- 3.1.5 丝带模型 027
- 3.1.6 场景设计 031

3.2 材质设置 033
- 3.2.1 材质与纹理节点 033
- 3.2.2 材质复用与灯光设置 035

3.3 渲染设置 036
- 3.3.1 灯光设置 036
- 3.3.2 渲染效果图 036
- 3.3.3 Photoshop 后期合成 037

第 4 章 主图设计与实战：文具用品

4.1 主图基础构成 041
- 4.1.1 主图是什么 041
- 4.1.2 主图风格 041
- 4.1.3 主图排版技巧 042

4.2 新建模型 043
- 4.2.1 主体建模 043
- 4.2.2 配饰建模 049
- 4.2.3 布置场景 055
- 4.2.4 摄像机与视图 056

4.3 灯光设计 057
- 4.3.1 HDR 运用 057
- 4.3.2 物理阳光 058
- 4.3.3 调整参数 058

4.4 材质设置 059
4.4.1 漫射材质 059
4.4.2 塑料材质 061
4.4.3 玻璃材质 062
4.4.4 UV 贴图 064

4.5 渲染设置 067
4.5.1 渲染参数设定 067
4.5.2 Photoshop 后期合成 067

第 5 章 直通车图设计与实战：家具用品

5.1 直通车图基础构成 070
5.1.1 直通车图的特点 070
5.1.2 如何设计直通车图 071

5.2 新建模型 072
5.2.1 模型分析 072
5.2.2 椅子建模 072
5.2.3 软垫建模 075
5.2.4 布置场景 081
5.2.5 摄像机与视图 082

5.3 灯光设计 083
5.3.1 区域光 083
5.3.2 自然光与阴影效果 084
5.3.3 调整参数 085

5.4 材质设置 086
5.4.1 场景材质 086
5.4.2 金属支架材质 089
5.4.3 软垫材质 089

5.5 渲染设置 090
5.5.1 渲染 090
5.5.2 Photoshop 后期合成 091

第 6 章 钻展图设计与实战：炫酷机械键盘

6.1 钻展图基础构成 094
6.1.1 钻展图特点 094
6.1.2 如何设计钻展图 094

6.2 新建模型 095
6.2.1 模型分析 095
6.2.2 开始建模 095
6.2.3 场景设计 102
6.2.4 摄像机与视图 103

6.3 灯光设计 104
6.3.1 边缘光设计 104
6.3.2 场景灯光设计 105

6.4 材质设置 107
6.4.1 发光材质 107
6.4.2 混合材质与 UV 贴图 109
6.4.3 材质调整 113

6.5 渲染设置 114
6.5.1 渲染参数设定 114
6.5.2 Photoshop 后期合成 114

第 7 章 承接页设计与实战：活动大促

7.1 承接页构成 117
7.1.1 什么是承接页 117
7.1.2 承接页构成模块 117
7.1.3 草图设计 118

7.2 新建模型 119
7.2.1 场景建模 119
7.2.2 文字建模 129
7.2.3 摄像机视图与场景调整 131

7.3　灯光设计　　　　　　　　133
7.4　材质设置　　　　　　　　134
　　7.4.1　材质设计　　　　　　134
　　7.4.2　材质调整　　　　　　137
7.5　渲染设置　　　　　　　　139

第8章　主图视频与实战：多彩印章动画

8.1　主图视频简介　　　　　　141
　　8.1.1　什么是主图视频　　　141
　　8.1.2　如何制作主图视频　　141
8.2　动画脚本设计　　　　　　142
　　8.2.1　分镜与构图　　　　　142
　　8.2.2　视频脚本制作　　　　142
8.3　新建模型　　　　　　　　143
　　8.3.1　模型分析　　　　　　143
　　8.3.2　开始建模　　　　　　143
　　8.3.3　材质设置　　　　　　148
8.4　分镜与动画场景　　　　　158
　　8.4.1　分镜1：克隆动画　　158
　　8.4.2　分镜2：位移动画　　163
　　8.4.3　分镜3：材质动画　　169
　　8.4.4　分镜4：动力学动画　176
8.5　渲染设置　　　　　　　　181
　　8.5.1　动画渲染参数设定　　181
　　8.5.2　AE 输出与合成　　　182

第9章　主图视频与实战：衣服去污动画

9.1　动画脚本设计　　　　　　185

9.2　模型制作　　　　　　　　185
　　9.2.1　模型分析　　　　　　185
　　9.2.2　公式建模　　　　　　186
　　9.2.3　体积建模　　　　　　188
　　9.2.4　场景动画　　　　　　190
9.3　粒子发射器　　　　　　　192
9.4　布料动力学　　　　　　　194
9.5　灯光与材质　　　　　　　196
　　9.5.1　灯光布置　　　　　　196
　　9.5.2　材质设计　　　　　　197
9.6　渲染设置　　　　　　　　202
　　9.6.1　动画渲染参数设定　　202
　　9.6.2　AE 输出与合成　　　204

第10章　材质、灯光与摄像机进阶实战与技巧

10.1　材质贴图运用实战与技巧　　　　　　　　　207
　　10.1.1　材质贴图类型　　　207
　　10.1.2　标准渲染器与贴图　208
　　10.1.3　节点模式贴图　　　212
10.2　灯光技法进阶运用实战　216
　　10.2.1　灯光排除　　　　　216
　　10.2.2　灯光布置技巧　　　218
　　10.2.3　冷暖灯光设计　　　219
　　10.2.4　目标灯光　　　　　220
10.3　摄像机进阶运用实战　　221
　　10.3.1　动画运镜方式　　　221
　　10.3.2　轨道与跟随运镜　　222
　　10.3.3　仿手持镜头　　　　224
　　10.3.4　希区柯克变焦　　　224

Cinema 4D
电商设计从入门到精通

第 1 章

Cinema 4D 电商与
三维设计

本章通过分析电商设计行业的现状,帮助读者了解三维设计在电商行业中的重要性,以及如何与设计团队协作推进项目落地。读者在学习三维软件时,将能够结合电商项目设计,更加全面地掌握三维软件的实际应用技巧。

1.1 电商设计趋势

1.1.1 电商设计的特点

电商设计和其他设计的侧重点有所不同，例如海报、名片、杂志封面等，后者主要侧重于使用排版、配色和视觉元素来传达信息或引起情感共鸣。设计师通常使用 Adobe Photoshop、Adobe Illustrator 等软件进行创作，如图 1-1 所示。

而电商设计更多是为在线购物的消费者提供最佳的用户体验，比如展示产品的场景化应用、突出产品氛围感等，电商设计师需要会使用三维建模软件，以高效地创建产品效果图，如图 1-2 所示。

图 1-1

图 1-2

此外，在设计目的上也有所不同：在平面设计中，重点是制作出令人印象深刻的视觉效果；而在电商设计中，则更加强调产品的卖点，从而促进销售量增长。

1.1.2 电商设计困境与出口

在电商行业的初期，商家通常使用实物拍摄、后期排版、调色等方法制作产品图片，图 1-3 所示的是正在进行产品拍摄的场地和摄影机。

图 1-3

这种方法对拍摄场景、布光、相机要求高，并且在后期制作时，如果需要调整产品角度，则需要重新拍摄，导致整体流程耗时久、不便捷、展示形式单一，难以满足电商运营的需要。

随着电子商务行业的发展，越来越多的企业开始重视消费者对于产品体验服务的感受，在网站上展示商品的形式变得更加多元化，更加真实地展示外观和使用效果等产品属性，以吸引更多潜在客户并促进销售。

这正是三维设计所能发挥作用的地方。如图 1-4 所示，设计师正通过使用三维建模软件，创建逼真的虚拟产品模型。这些模型可以以高清晰度进行呈现，并且允许用户从任何角度查看产品。此外，在线购物体验中还可以添加其他元素，例如视频演示、360 度旋转视图等。

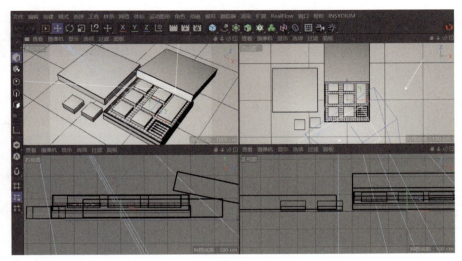

图 1-4

在电商行业中充分利用三维设计技术可以带来诸多优势，并且随着技术的发展，三维设计的应用场景也越来越广泛。

1.1.3 电商设计图构成

电商设计图主要分为以下几类。

Banner（横幅广告）：经常被用于推广最新产品、促销活动和展示品牌形象等，用于引导消费者跳转到产品、活动的宣传图，在设计时，需要尽可能做到简洁和突出重点，如图 1-5 所示。

主图：用于展示产品外观/内部的各个角度、卖点、应用场景等，可以使用图片、视频、全景图等方式进行展示，如图 1-6 所示。

图 1-5　　　　　　　　　　图 1-6

详情页：主要包括产品图片、各项参数、特点和使用场景等信息。通过对主图上的卖点进行详细介绍，加上精心设计的布局和排版，可以使用户更容易找到他们需要的信息，并且提高购买转化率，如图1-7所示。

活动承接页：通常会与特定节日或者营销活动相联系，并提供相关优惠券或奖励等激励措施。通过吸引用户参加并分享该专题内容，能够有效地增强品牌影响力，如图1-8所示。

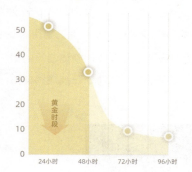

图 1-7

图 1-8

除此之外，电商设计师会根据商家的需要，对店铺首页、店招、图标、Logo和优惠券等进行设计。

无论哪种类型的电商设计图，在实际设计中都有以下几个共同特点。

简洁明了：电商设计主要以展示产品为目的。图1-9中繁杂的文案喧宾夺主，掩盖了产品的外观展示。通过减少文字、优化排版，可以更好地展示产品，如图1-10所示。

图 1-9　　　　　　　　图 1-10

高质量图片：电商设计图中的产品图片应该具有清晰度高、美观等特点。这可以增加消费者对商家的信任感，并促进购买行为，不清晰、扭曲的产品会让消费者对产品质量产生怀疑，从而放弃购买，如图 1-11 和图 1-12 所示。

良好的排版和布局：在页面排版时，需要考虑到不同设备间显示效果可能会存在差异，留意上下左右边缘的出血线，切忌让主体内容超出展示范围。主图和文案太贴近边缘，存在被设备屏幕自动裁剪掉的风险，如图 1-13 所示。

图 1-11　　　　　　　　　图 1-12　　　　　　　　　图 1-13

最后，无论是什么类型的电商设计图，都需要注重提高用户体验及吸引力，并且随着技术发展不断地调整和优化。

1.2　Cinema 4D 与电商设计

1.2.1　为什么 Cinema 4D 适合做电商设计？

Cinema 4D 是一款强大的 3D 建模、动画和渲染软件，由德国公司 Maxon Computer 开发。它提供了多种工具和功能，可以帮助设计师创建出高质量的三维图像、动画和视觉特效，同时支持多个平台（Windows 和 Mac），并且易于学习使用。该软件包括各种专业级别的工具和功能，例如粒子系统和物理引擎等。这些工具和功能可以用来制作广告或电影中的特效，也可用于游戏开发或产品展示视频，如图 1-14 和图 1-15 所示。

图 1-14　　　　　　　　　　　　　　　图 1-15

Cinema 4D 还有许多插件可供选择，以扩展其功能性能。此外，Cinema 4D 可与其他应用程序无缝集成，并且允许用户导入/导出不同格式文件以便在其他平台上进行修改处理。

Cinema 4D 之所以适合用于电商设计，主要是因为其具有以下特点。

真实感：使用 Cinema 4D 可以创建高质量的 3D 模型，并且可以运用多种材质和纹理效果来增加真实感。这样在商品展示方面就能够更加生动形象地呈现商品。

动态特效：Cinema 4D 提供了广泛的动画功能和粒子系统等特效工具，可以为电商平台添加丰富而独特的视觉元素。例如，在产品介绍视频或者首页 Banner 中运用这些动态特效会让页面更吸引人。

高度自定义性：Cinema 4D 具备强大的创意设计功能，能够帮助用户快速实现他们所需的设计风格。因此，在处理复杂场景时，使用 Cinema 4D 可以轻松地进行个性化定制。

快速渲染：Cinema 4D 采用最新的渲染技术，可以快速地生成高质量的图像或动画。这样在制作电商设计时能够提高工作效率，降低时间成本。

Cinema 4D 在电商、广告、电影等多个领域都有广泛应用，它已被证明是一种非常强大而灵活的软件。因此，在做电商设计时使用 Cinema 4D 可以借鉴其他行业的成功案例，以获得更好的创意灵感。

1.2.2　三维建模师如何与平面设计配合

在电商设计部门中存在多个设计岗位，比如平面、UI、三维、手绘和摄影等。同样的，一张产品海报可能同时需要多位不同领域的设计师配合完成，当读者作为三维设计师的时候，需要学会如何配合团队进行设计，高效地完成任务。

图 1-16 模拟了一般情况下设计团队与运营之间的执行流程，读者可以根据公司实际情况去调整细节。

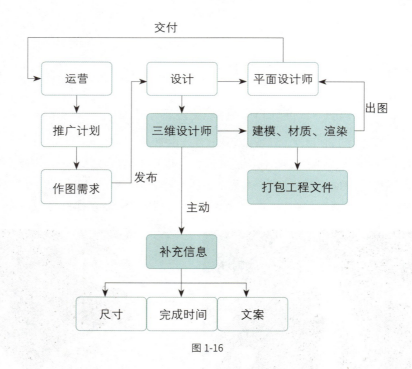

图 1-16

在运营人员根据推广计划确定图片需求后，会交给设计负责人，然后由后者分派具体的设计任务。作为三维设计师，在工作前、中、后期都需要紧密配合其他设计师进行沟通，保证输出的图片符合要求。

确定整体风格： 在开始制作过程前，三维建模师和平面设计师需要讨论并确定整个项目所采用的视觉风格、色彩搭配和品牌形象等方面内容，避免后期出现不必要的纠纷，并且确保整个项目具有一致性。

共同制定规范： 为了使双方工作更加顺畅有效，应该使用统一命名规则、文件格式与结构等约束条件。这会使资料组合更为紧密，也便于管理人员对其进行监控。

及时沟通反馈： 在制作过程中，每当有新进展或者修改需求时，三维建模师和平面设计师需要及时沟通交流并给予反馈意见，减少因疏漏而导致时间浪费或错误发生的情况。

多角度审查： 在项目完成之前，三维建模师和平面设计师应对最终成果进行多角度检验，这样可以发现潜在的问题或错误，并及时进行修正。

总体来说，三维建模师和其他设计师之间需要紧密合作，共同制定规范，以及协调沟通来确保整个项目的质量与效率。只有通过交流、反馈和监控等方式才能够打造出优秀的品牌形象，并达到预期目标。

Cinema 4D
电商设计从入门到精通

第 2 章

Cinema 4D 基础入门

本章首先介绍 Cinema 4D 的界面布局和基础功能,让读者对软件有初步的认识。随后,结合项目设计流程,帮助读者完成软件和插件的初始设置,并了解如何使用 Cinema 4D 进行三维设计。

2.1 基础界面布局

2.1.1 界面功能分布

安装 Cinema 4D 后，双击桌面快捷方式，如图 2-1 所示。Cinema 4D 启动界面上会显示初始化进度，如图 2-2 所示。加载完成后自动进入软件界面。

图 2-1

图 2-2

Cinema 4D 界面分为 10 个部分，分别是菜单栏、顶部工具栏、界面、左侧工具栏、视图窗口、时间轴、材质面板、属性面板、坐标轴和对象面板，如图 2-3 所示。

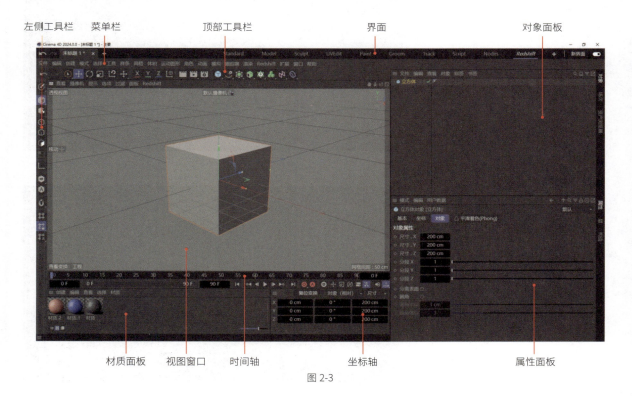

图 2-3

2.1.2 初始化设置

Cinema 4D 界面默认语言为英文,读者如需切换成中文,可以通过单击"菜单 >Edit(设置)"(快捷键 Ctrl+E)实现,如图 2-4 所示。

在 Interface 选项卡中,修改 Language(语言)为"简体中文";如果需要修改软件界面的字体显示,也可以在下方 GUI Font 和 Monospaced Font 中选择字体和字号,如图 2-5 所示。修改完成后,重新启动 Cinema 4D 即可正常显示。

图 2-4　　　　　　　　　　　　　　　　　　　　图 2-5

2.1.3 界面设置

Cinema 4D 可以通过单击顶部的"界面"选项卡,快捷地切换不同的软件界面布局,方便设计师在进行不同工序时选择合适的界面。

比如在对模型进行雕刻时,使用 Sculpt 界面,可以把常用的雕刻工具放置在右侧工具栏,方便用户使用,如图 2-6 所示。在进行绘制贴图时,使用 UV Edit 界面,可以调出 UV 编辑器,如图 2-7 所示。

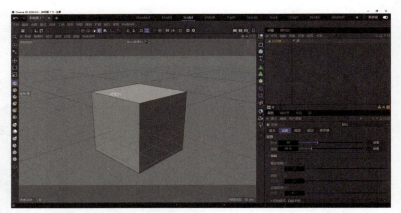

图 2-6

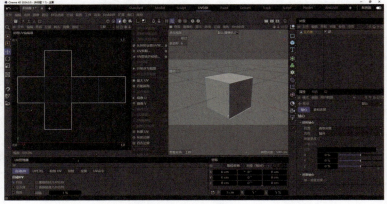

图 2-7

为了提高工作效率，设计师一般会对界面进行自定义布局，下面以使用 Redshift 渲染器自定义界面为例进行讲解。

01 单击 Cinema 4D 界面右上角"新界面"开关按钮，然后选择 Standard 界面，如图 2-8 和图 2-9 所示。

图 2-8　　　　　　　　　图 2-9

02 执行"菜单＞窗口＞自定义布局＞自定义面板"命令，打开"命令管理器"，如图 2-10 所示。

03 在"名称过滤"中输入 rs，快速筛选出属于 Redshift 插件的命令快捷图标，如图 2-11 所示。

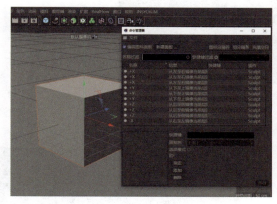

图 2-10

图 2-11

04 按住鼠标左键，分别将 RS IPR、RS 相机、新建 RS 材质、穹顶光、区域光、无限光图标，拖曳到顶部工具栏右侧上方，如图 2-12 和图 2-13 所示。

图 2-12

图 2-13

05 图标拖放完毕后，执行"菜单＞窗口＞自定义布局＞另存布局为"命令，修改文件名称为 Redshift，如图 2-14 所示。

06 保存完成后，Cinema 4D 界面会自动新增 Redshift 选项卡，如图 2-15 所示。

图 2-14

> **提示**
> 切换成 Redshift 选项卡后，需要先在"菜单＞渲染＞编辑渲染设置"中，把渲染器选择为 Redshift，对应的图标才会显示在自定义布局的工具栏里。

图 2-15

2.1.4 对象面板

用户创建的所有对象都会显示在对象面板里面。当用户在"视图窗口"中创建"立方体"模型后,对象面板会同步生成"立方体"对象,如图 2-16 所示。

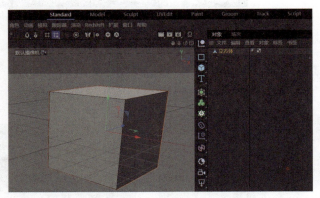

图 2-16

对象面板拥有独立菜单,可以针对对象使用。

文件: 包含合并、保存、导出单个或多个对象的操作。

编辑: 包含复制、粘贴、选择、加入新层等功能。对"立方体"执行"复制"命令,然后执行"粘贴"命令创建"立方体 1",最后执行"加入新层"命令,把"立方体 1"加入单独的层级,常用于整理对象繁多的项目,方便对特定图层的对象进行批量操作,如图 2-17 所示。

图 2-17

查看: 包含修改图标大小、调整显示模式等操作,开启"平直目录树"和"竖向标签"后,可以修改对象和标签的排列布局方式,如图 2-18 所示。

图 2-18

对象: 包含显示、修改、烘焙和材质等命令。单击"立方体 1",执行"对象显示 > 视窗显示"和"对象显示 > 渲染器关闭"命令,"立方体 1"右侧的上方小点将变成绿色(开启状态),下方小点则变成红色(关闭状态),方便用户调整单个对象在视图窗口和渲染器的显示状态,如图 2-19 所示。

图 2-19

父级: 长按鼠标左键把对象 A 拖放至对象 B,出现"下箭头"时,松开鼠标,即可让对象 B 作为对象 A 的父级,反之,对象 A 即为对象 B 的父级,如图 2-20 所示。

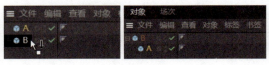

图 2-20

标签: 标签功能可以给对象添加子弹、模拟、渲染和毛发等各种标签,方便用户对目标对象进一步修改,如图 2-21 所示。

图 2-21

书签： 当用户设置好图标大小、排版布局后，可以执行"书签 > 增加书签"命令保存当前排版布局。用户可以通过该方式自定义"默认布局"和"我的布局"两个标签，达到快速切换对象和标签排版布局方式的目的，如图 2-22 所示。

> **提示**
> 也可以选定单个或多个对象后，单击鼠标右键弹出快捷菜单，方便给对象修改或添加标签。

图 2-22

2.1.5 菜单栏

菜单栏包含 Cinema 4D 中大部分的工具和命令，以下是各个菜单的功能简介。

文件： 包含文件的存储、打开、合并和保存工程等常用操作。

编辑： 包含常用撤销、重做、设置、工程设置等。单击"工程"设置后，在属性面板可以对当前项目进行全局设置，比如在"工程"选项卡中设置动画的帧率、时长；在"子弹"标签中设置时间缩放、重力等参数，在制作视频动画时具有非常重要的作用，如图 2-23 所示。

创建： 包含但不限于顶部和左侧工具栏中的功能，可以让用户自行创建模型、样条、生成器、变形器、灯光、材质和摄像机等。在图 2-24 中所创建的对象均使用了该菜单中的命令。

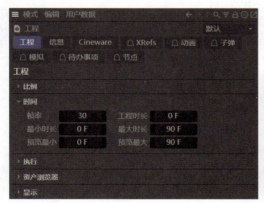

图 2-23

图 2-24

选择： 包含框选、循环选择、全选和存储选集等功能，常用于对可编辑对象的点线面进行操作。

工具： 包含移动、旋转、缩放和轴心设置等常用功能。

样条： 包含样条画笔、草绘和修改样条等工具。使用样条画笔工具绘制一个三角形样条，执行"修改 > 添加 > 倒角"命令，可把三角形变成圆角，如图 2-25 所示。

网格： 包含多边形画笔、修改和雕刻等工具。使用多边形画笔绘制一个矩形面，执行"主要工具 > 挤压"命令，可把矩形面变成立体模型，如图 2-26 所示。

图 2-25

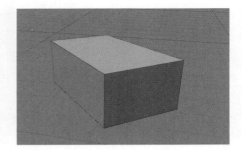
图 2-26

体积：体积生成是 Cinema 4D 中非常强大的功能，可以将多个模型对象进行平滑融合，快速制作出设计师想要的造型。把 3 个"球体"对象放入"体积生成"，再为其添加"体积网格"为父级，即可生成类似云朵形状的模型，如图 2-27 所示。

运动图形：运动图形是 Cinema 4D 的特色功能，在项目中应用非常广泛，包含效果器、生成器和变形器等功能。执行"克隆"生成器和"随机"效果器，可以快速生成多个大小不一、位置随机的立方体，如图 2-28 所示。

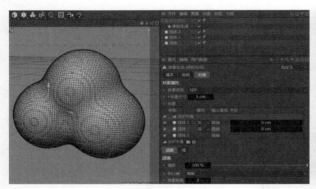
图 2-27

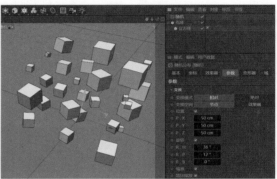
图 2-28

角色：包含角色管理器、关节工具和蒙皮等常用的角色绑定工具。常用于动画角色的肢体绑定，从而让其产生不同的姿态，如图 2-29 所示。

动画：包含动画播放模式、关键帧设置等功能，常用于动画项目。

模拟：包含各种力场、发射器和毛发等功能，执行"发射器"模拟粒子发射场景，并执行"力场 > 吸引场"改变粒子路径，常见于各种粒子特效动画，如图 2-30 所示。

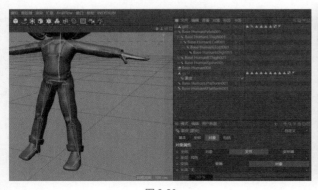
图 2-29

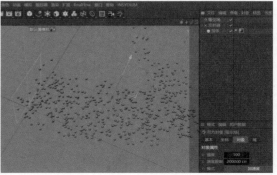
图 2-30

跟踪器：常用于实景合成的动画项目。通过解析导入的视频反求摄像机，再把模型放置于画面中，让虚拟与现实画面融合在一起，制作出以假乱真的动画，如图 2-31 所示。

渲染：包含区域渲染、编辑渲染设置等功能，用于修改渲染器的各项参数，如图 2-32 所示。

图 2-31

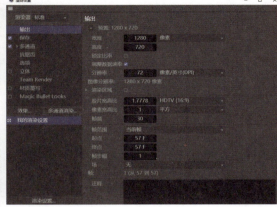

图 2-32

扩展：包含控制台、脚本管理器、第三方插件等打开方式，方便设计师使用脚本代码或插件实现更加复杂 / 高级的功能。

窗口：包含各种窗口管理功能，帮助用户更好地管理窗口。

帮助：包含在线帮助、软件版本信息等相关资料，帮助新用户更好地上手 Cinema 4D。

2.1.6 属性面板

当用户选择单个或多个对象后，属性面板将会把所选对象的参数显示出来，用户可以在属性面板修改"立方体"的尺寸、分段、圆角等参数，如图 2-33 所示。

同样，单击"标签栏"中的"材质"球标签，属性面板也会显示对应标签的属性，如图 2-34 所示。

图 2-33

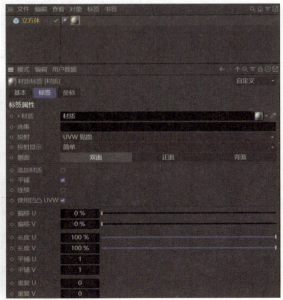

图 2-34

除此之外，对"立方体"对象执行"菜单 > 网格 > 挤压"命令时，属性面板也会出现对应命令的属性，如图 2-35 所示。

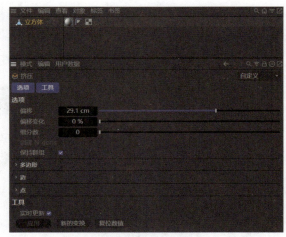

图 2-35

2.1.7 时间轴

时间轴是控制对象动画的重要工具，时间轴面板包含播放器和调整帧数等功能。执行"记录活动对象"命令，可以为选定的对象添加关键帧，从而达到记录对象运动轨迹的目的，如图 2-36 所示。

图 2-36

执行"菜单 > 窗口 > 时间线窗口"命令，可以对时间轴上的关键帧动画进行进一步操作，如图 2-37 和图 2-38 中分别是时间线窗口（摄影表）和时间线窗口（函数曲线）。

图 2-37

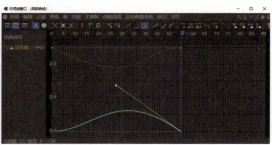

图 2-38

2.1.8 材质面板

材质面板用于管理项目中的所有材质。执行"创建 > 新的默认材质"命令，可以创建新的默认材质球，如图 2-39 所示。

双击材质球，可以进入"材质编辑器"调整材质的各项参数，如图 2-40 所示。

图 2-39

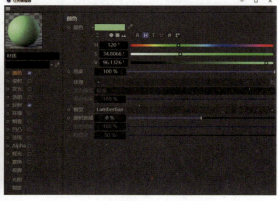

图 2-40

> **提示**
>
> 本小节中展示的是 Cinema 4D "标准渲染器"使用的默认材质,不同的渲染器(Redshift、Octane、Arnold)都有其专用材质球,因此材质编辑面板也有所不同。
>
> 读者使用时需要留意,不同渲染器的材质球相互之间不可混用,需要先通过渲染器自带的材质转换工具进行转换后才能正常使用。

2.1.9 视图窗口

视图窗口用于观察各种模型、材质、灯光等对象的位置、大小、颜色等视觉效果,可以通过独立菜单控制视图窗口的显示效果。

查看:包含撤销、重做、保存等操作,执行"配置视图"命令,如图 2-41 所示,可以设置当前视图的各项参数,如图 2-42 所示。

摄像机:新建项目后视图自带默认摄像机,执行"摄像机 > 正视图"命令,调整默认摄像机的方位,从而显示出正面的视图,如图 2-43 所示。

显示:修改对象的显示模式,执行"显示 > 光影着色(线条)"命令,让对象显示自身的线条分布,如图 2-44 所示。

选项:修改对象显示的效果,执行"选项 > 层颜色"命令,让对象显示出所属层级的颜色,如图 2-45 所示。

过滤:用于调整视窗中对象是否隐藏,执行"过滤 > 工作平面"命令,可以让视窗隐藏平面网格,减少对用户的视觉干扰,如图 2-46 所示。

图 2-41　　　　　　图 2-42

图 2-43

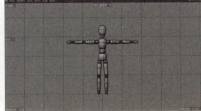
图 2-44

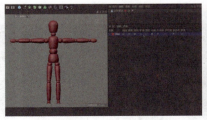
图 2-45

图 2-46

面板：用于调整视图排列布局，执行"面板 > 全部视图"命令（快捷键：单击鼠标滚轮），可以切换单个视图与四视图，如图 2-47 所示。

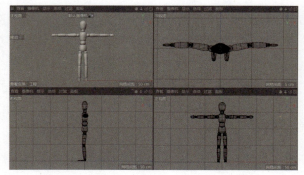

图 2-47

2.1.10 坐标轴

坐标面板用于调整对象在三维空间的位置、旋转和缩放，如图 2-48 所示。

图 2-48

2.2 常规项目设计流程

本节将会通过对项目流程的步骤拆解，帮助读者完成 Cinema 4D 和 Redshift 渲染器的初始化设置，以及了解三维设计师的工作流程。

2.2.1 项目设置

启动 Cinema 4D 后会进入默认的新项目"未标题 1"，如图 2-49 所示。

图 2-49

多个新项目并行，可以执行"菜单 > 文件 > 新建项目"命令，或单击"项目"选项卡右侧的"+"图标，建立新的项目。使用"项目"选项卡进行项目切换，如图 2-50 所示。

打开已有项目，可以执行"菜单 > 文件 > 打开项目"命令，选择项目文件即可；或者执行"菜单 > 文件 > 最近打开"命令，选择最近打开的项目文件，如图 2-51 所示。

引入外部资源（模型、材质等），可以执行"菜单 > 文件 > 合并项目"命令，把资源文件导入当前项目，如图 2-52 所示。

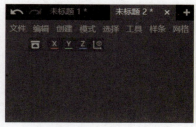

图 2-50

图 2-51

图 2-52

建立项目后，可以执行"菜单 > 文件 > 保存项目"命令，把当前项目保存到用户指定的位置，如图 2-53 所示。

读者可以根据实际情况，每隔一段时间主动执行"保存项目"命令，确保文件处于最新状态，以防丢失。

图 2-53

> **提示**
> Cinema 4D 保存的项目文件格式为 C4D，该文件格式只能使用 Cinema 4D 打开，如果读者需要从其他软件（3d Max、Maya）导出 / 导入模型，可以选择导出 / 导入 OBJ 格式的模型文件。

2.2.2 建模

在完成项目设置后，将会进入建模环节。在建模过程中，读者需要随时留意以下几点。

规划好建模流程：在开始实际操作之前，先要规划好整个建模流程，并且明确每一步所需完成的任务及顺序。

遵循比例与尺寸标准：在制作任何物体时都必须考虑到其真实大小和相对比例关系，并采用合适工具调节模型尺寸以便于后期处理。

节省多边形数量：建议将多边形数量控制在最小值范围内。当你无法通过优化提高性能时，这样做也有助于减少渲染时间和系统负荷等。

导入 / 导出文件格式认真检查：在导入或者导出文件之前，应仔细校验是否符合要求。不同的软件会有自己特定的格式标准，因此检查工作非常重要。

保持灵活性：在建模过程中，要随时考虑到未来进行调整的可能性，加强在基础网格、材质和纹理等方面设置上的更多可变选项，以便随时修改或者添加新功能。

在建模过程中需要注意以上几点，并且还应该注重细节处理与优化操作，这样才能够获得一个高质量并且符合预期目标的三维模型，如图 2-54 所示。

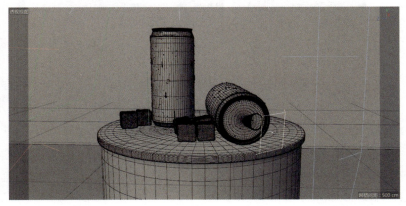

图 2-54

> **提示**
> 在本小节中所使用的项目文件，仅作为对软件初始化设置和三维设计流程的演示使用，读者可以通过打开教程附带的 C4D 项目文件来进行练习。

2.2.3 渲染

本书项目教程均使用 Redshift 作为渲染演示。

Redshift 渲染器在 2019 年被 Maxon 收购，成为其旗下一款强大的 GPU 加速渲染引擎。通过与 Maxon 出品的 Cinema 4D 的深度集成，用户可以直接将场景文件导入 Redshift 并实时预览结果，在需要修改时也可随时切换回原始设计模式并进行自由调整。同时，它还支持动画序列输出和批处理功能，可以在不影响正常工作的前提下大幅缩短制作周期。

读者在进入渲染环节前，可以根据以下步骤完成 Redshift 渲染器的初始设置。

01 执行"菜单 > 渲染 > 编辑 > 渲染设置"命令，打开"渲染设置"面板，并把"渲染器"选项改为 Redshift，如图 2-55 所示。

> **提示**
> 需要注意的是，如果渲染器已默认设置为 Redshift，则无须重新选择。

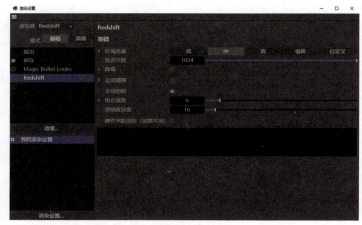

图 2-55

02 根据项目实际情况，执行"菜单 >Redshift"命令，添加"灯光""相机"和"材质"，如图 2-56 所示。

03 执行"菜单 >Redshift> Redshift RenderView"（RS 预览窗口）命令，打开实时渲染窗口，按住鼠标左键拖放至"视图"窗口左侧，并单击"开始 / 停止 IPR"按钮进行实时渲染，如图 2-57 和图 2-58 所示。

图 2-56　　图 2-57　　图 2-58

读者需要随时注意以下事项。

场景设置：在场景搭建之前，应该先考虑好摄像机位置、光源类型、阴影效果等因素。这些因素会直接影响最终的渲染结果。

材质调整：材质是物体表面的外观特性，包括颜色、纹理和反射率等。要根据实际需求对不同的材质进行适当调整，并且使用合适的 UV 投射方式来保证纹理和图案正确地显示出来。

灯光设计：灯光可以用来改变场景氛围和情感色彩，并且能够帮助突出需要强调的部分。选择合适的类型和数量的灯光，在正确角度下放置并做好相关参数设置是非常重要的。

渲染设置： 为了达到更高品质或者更快速度输出，还需关注一些其他方面，例如降噪、阴影类型、光线追踪深度和采样次数等多个渲染参数设定。

后期处理： 在完成初步渲染后，通常还需要对图像进行后期处理，进一步提高图像质量和视觉效果。常见的后期处理技术包括色彩校正和后期特效等。

> **提示**
>
> Redshift 渲染器使用 GPU 引擎渲染，因此读者需要确保计算机使用 NVIDIA 系列的独立显卡，才能正常渲染图像。
>
> Redshift 渲染器默认语言为英语，读者可以自行安装额外的汉化语言包来方便学习使用，对于不同的汉化包，翻译名称略有不同，本书教程中如有与读者翻译不一致的地方，可以通过对应的图标确认。

2.2.4 导出与后期

通过"RS 渲染视图"确认预览效果后，根据项目实际需要，可对渲染参数进行以下设置。

01 执行"菜单 > 渲染 > 编辑渲染设置"命令，打开"渲染设置"面板，单击"输出"选项卡，对图片或视频的"宽度""高度""分辨率""帧频"和"帧范围"等参数进行设置，如图 2-59 所示。

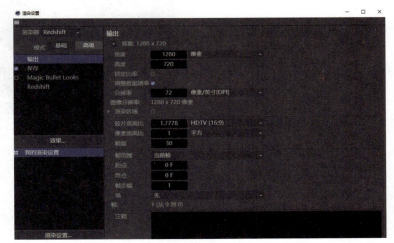

图 2-59

02 单击"保存"选项卡，在"文件"中选择输出图片的保存位置，在"格式"中选择输出图片的保存格式，如图 2-60 所示。

图 2-60

03 单击Redshift选项卡,在"采样"选项卡中把"渐进次数"修改为2000,勾选"降噪"选项卡下的"启用",把"引擎"修改为"Altus单",如图2-61所示。

04 执行"菜单 > 渲染 > 渲染到图像查看器"命令,软件将会自动打开图像查看器并进行渲染,等待底部渲染进度条完成,且"历史"面板中渲染图片R变成"绿灯"和"渲染时间",则表示渲染完成,文件将会自动保存到预定的位置,效果如图2-62所示。

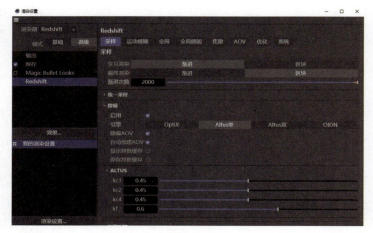

图 2-61

> 提示
> 渲染参数设置需要根据实际项目情况而定。在进行渲染前,读者可以根据项目需求中规定的数值在渲染器中自行设定。

图 2-62

2.2.5 打包项目

完成渲染输出图像并交付成功后,三维设计师还需要把项目文件整理归类,方便后续修改或在其他计算机上引用当前项目。

执行"菜单 > 文件 > 保存工程(包含资源)"命令,把项目工程保存到指定的位置,保存后的项目工程将会以文件夹的形式,自动把C4D源文件、贴图分类保存,如图2-63所示。

图 2-63

> 提示
> "菜单 > 文件"下的"保存项目"和"保存工程(包含资源)"的区别是:前者一般作为临时保存,会把当前项目保存为C4D格式的源文件;而后者会把当前项目下的所有贴图资源和项目源文件打包成文件夹的形式保存下来,最大限度保证项目的完整性。

Cinema 4D
电商设计从入门到精通

第 3 章

Banner 设计与实战:礼盒装饰

—

Banner(横幅广告)是电商设计中常见的产品宣传展示形式之一,通常用于店铺首页、详情页、活动承接页等页面。用户可以通过点击 Banner 图片打开超链接,从而进入指定的商品展示页面。Banner 的形式和尺寸较为多样,可根据实际需求设置为单页展示、多页滚动或特殊复合类型,尺寸可以为横条、竖条或自定义形状。本章将介绍通用的 Banner 图制作要求、规范以及三维元素的制作过程。希望通过本章的学习,读者能够掌握常见 Banner 图片的制作与运用技巧。

3.1 Banner 基础构成

本章以情人节大促主题的电商 Banner 图为例进行讲解，图片尺寸为 750px×390px。通过本节的学习，读者可以掌握 Banner 图从构思与草图绘制，再到场景模型搭建的方法。

3.1.1 如何设计 Banner

Banner 使用的场景很多，比如电商平台、店铺首页，如图 3-1 至图 3-3 所示，红色方框内即为 Banner 的展示区域。

Banner 作为重要的入口焦点展示，设计师在进行设计时，不仅需要考虑图片的美观，还需要有所侧重。在设计上要突出产品卖点，加强视觉冲击力，在文案上广告词要表达清晰，精简易懂。

图 3-1

图 3-2　　　　　　　　图 3-3

常规的 Banner 一般由产品图、背景图、文案、Logo 和装饰元素构成，并不是说一张 Banner 里面需要包含上述所有元素，而是需要根据工作中的实际情况进行取舍。

使用 Cinema 4D 进行 Banner 设计，具有表现力强、风格多变等优势，通过几何图形与光影交互，能制作出丰富多彩的效果图，扩展设计师的设计表现形式，如图 3-4 和图 3-5 所示。

图 3-4　　　　　　　　　　　　　　图 3-5

3.1.2 形状与色彩构成

在电商运营中,同一款产品,通常需要两张以上的图片进行 A/B 测试,即在保持相同产品和文案的情况下,对 Banner 进行不同的排版设计,通过一段时间的投放便可以有效地测试出哪张图的转化率更高。

设计师在制作 Banner 时,可以根据产品的外观形状,设计出不同形式的排版,如图 3-6 至图 3-8 所示。

图 3-6

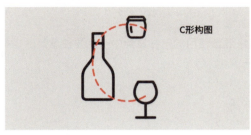

图 3-7

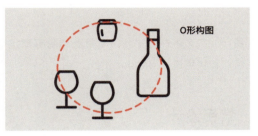

图 3-8

除利用产品本身的形状进行构图设计外,还可以通过背景、文案和装饰元素来丰富画面的构图,如图 3-9 和图 3-10 所示。通过增加桌面、背景和文案等方式,解决画面单调的问题,同时让产品更加突出,吸引眼球,提高点击率。

设计师在进行元素搭配时,要注意不可喧宾夺主,应该始终以产品为中心进行设计。

图 3-9

图 3-10

对于不同的节日或者产品特点,设计师在制作 Banner 时还需要考虑搭配不同的主题颜色以配合促销,如图 3-11 至图 3-13 所示。

比如,新年期间,随处可见的春联和红包等都是以红色为主,在这期间,就可以选择红色为 Banner 的主题色彩以配合节日大促。

图 3-11

除此之外，平日里也可以根据产品的特点，比如以"健康、自然"为卖点，可以选用绿色为 Banner 的主题色，容易让买家联想到大自然的美好风光，产生舒适的感觉，从而引起购买的欲望。

图 3-12　　　　　　　　　　　　　　　　　　图 3-13

构图排版、元素、产品形状、文案和色彩等都是可以混合使用的，在设计中一定要注意灵活搭配使用，结合产品特点和优势进行 Banner 设计。

3.1.3　草稿设计

想要拍摄精美的照片，摄影师需要在按下快门前决定好构图，设定 ISO、快门和光圈等参数。同样，设计师在对 Banner 进行设计前，也需要对产品、背景、文案等各种元素进行提前布局。

在使用 Cinema 4D 进行三维设计前，设计师需要先制作平面草稿图，确定产品、文案和排版。

根据本章情人节的主题，我们首先选择礼盒为展示主体，心形图案为装饰元素，增加节日的氛围感；其次选用了粉红色为主题色，加上左文右图的排版方式确保构图的平衡，最终草稿图如图 3-14 所示。

图 3-14

3.1.4　开始建模

根据画好的草稿图，先制作 Banner 图的主体模型：立方体。打开 Cinema 4D 后，按照以下步骤开始操作。

01 单击工具栏中的"立方体"，在视窗和对象面板中可以看见新创建的立方体对象，如图 3-15 和图 3-16 所示。

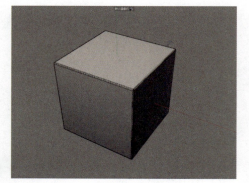

图 3-15　　　　　　　　　　　　　　　　　　图 3-16

02 在对象面板双击"立方体",修改名称为"盒子",然后单击下方的"对象属性"面板,勾选"圆角"选项,如图 3-17 和图 3-18 所示。

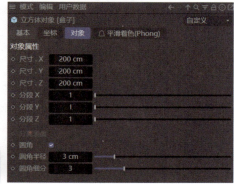

图 3-17　　　　　　　　　图 3-18

03 单击"盒子",使用 Ctrl+C 和 Ctrl+V 快捷键,复制粘贴出一个新的立方体,修改名称为"盖子",在下方"对象属性"面板中,将其参数"尺寸.X"修改为 210cm,"尺寸.Y"修改为 30cm,"尺寸.Z"修改为 210cm,如图 3-19 所示。

04 在"正视图"视窗中单击"盖子",激活其坐标轴后用鼠标拖动 Y 轴(绿色坐标轴)使其向上移动,如图 3-20 所示。

> **提示**
> 复制对象可以在"视图面板"中把鼠标移动至对象任意坐标轴上,同时按住 Ctrl 键 + 鼠标左键进行拖动,实现快速复制。在拖动对象时,如果只在"透视视图"中观察,会造成视角偏差,因此建议在"三视图"中观察对象位置是否准确。

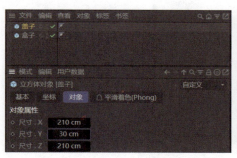

图 3-19　　　　　　　　　图 3-20

3.1.5　丝带模型

丝带模型分为两部分,我们首先制作包裹盒子的部分。

01 执行"创建 > 样条 > 矩形"命令,创建矩形样条,如图 3-21 所示。

02 在"对象属性"面板中,将其参数"宽度"修改为 200cm,"高度"修改为 250cm,勾选"圆角"选项,并且将"半径"数值设置为 5cm,如图 3-22 所示。

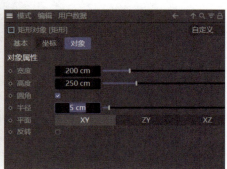

图 3-21　　　　　　　　　图 3-22

03 单击左侧"工具栏"中的"转为可编辑对象",把矩形样条坍塌化,如图3-23和图3-24所示。

> **提示**
> "转为可编辑对象"是把对象进行坍塌化,可以进一步对模型的点、线、面进行修改。需要注意:坍塌化行为是不可逆的,使用后对象本身的"属性数值"将无法再进行参数化修改,非必要的情况下,请勿使用该操作。

图 3-23 　　　　图 3-24

04 在左侧"工具栏"单击"点模式"工具,在顶部"工具栏"中单击"框选"工具,如图3-25和图3-26所示。

05 在视窗中用"框选"工具选择矩形上面的点,然后单击左侧"工具栏"中的"缩放"工具,如图3-27所示。选中X轴(红色坐标轴)往外拖动,对所选的点进行放大,如图3-28所示。

图 3-25　　图 3-26　　图 3-27 　　图 3-28

06 单击顶部"工具栏"中的"挤压"工具,并放置在"矩形"的父级,如图3-29所示;在"对象属性"面板设置"偏移"为40cm,如图3-30所示。

07 在"对象属性"面板中,单击"封盖"标签,将"起点封盖"和"终点封盖"选项的勾选取消,如图3-31所示。完成后,效果如图3-32所示。

图 3-31

图 3-29

图 3-30

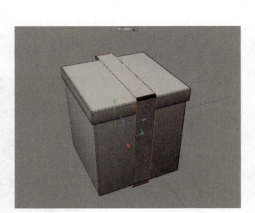

图 3-32

08 单击顶部"工具栏"中的"细分曲面"工具,选择"布料曲面"工具,并放置在"挤压"的父级,如图3-33所示。

图 3-33

09 单击"对象属性"面板中的"对象"标签,设置"细分数"为 0,设置"厚度"为 1cm,如图 3-34 所示。

10 复制一个"布料曲面",然后单击顶部"工具栏"中的"旋转"工具,然后对其中一个"布料曲面"旋转"90 度",如图 3-35 和图 3-36 所示。

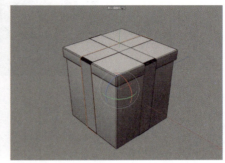

图 3-35

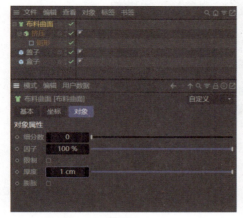

图 3-34　　　　　　　　　　　　图 3-36

丝带模型的第二部分是结的制作。

01 单击顶部"工具栏"中的"样条画笔"工具,如图 3-37 所示。

图 3-37

02 在"正视图"使用"样条画笔"工具勾画出结的形状,如图 3-38 和图 3-39 所示。

图 3-38　　　　　　　　　　　　图 3-39

03 为"样条"添加"挤压"作为父级对象,修改"对象属性"面板中"偏移"参数为 35cm,如图 3-40 所示。把"封盖"的"起点封盖"和"终点封盖"取消勾选,如图 3-41 所示。

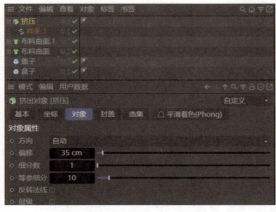 

图 3-40　　　　　　　　　　　　图 3-41

第 3 章　Banner 设计与实战:礼盒装饰 | 029

04 为"挤压"添加"布料曲面"作为父级对象,在"布料曲面"的"对象属性"中,修改"细分数"为 0,"厚度"为 1cm,如图 3-42 所示。

图 3-42

05 复制一个"布料曲面"对象,并旋转"90 度",摆放位置如图 3-43 所示。

06 选择其中一个"布料曲面>挤压>样条",微调"点"的位置,让其形成交叉不重叠的效果,如图 3-44 所示。

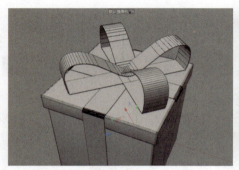

图 3-43   图 3-44

07 选择所有"布料曲面"对象,单击鼠标右键,在弹出的菜单中选择"群组对象"选项(快捷键 Alt+G),生成新的对象,修改名称为"丝带",如图 3-45 所示。再次选择"丝带""盖子"和"盒子"3 个对象,使用"群组对象"命令并修改名称为"礼盒",如图 3-46 所示。

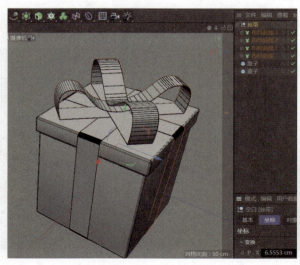

图 3-45   图 3-46

3.1.6 场景设计

制作完成单个礼盒后，我们开始搭建整个场景。

01 执行"菜单 > 渲染 > 编辑渲染设置"命令，设置输出"宽度"为750，"高度"为390，单位设置为"像素"，如图 3-47 所示。

图 3-47

02 单击顶部"工具栏"中的"平面"工具，并修改"对象属性"中的"宽度"为800cm，"高度"为2000cm，"宽度分段"和"高度分段"均为1，方向设置为+Y，如图 3-48 所示。

03 将"平面"转为可编辑对象，选择"线模式"，右击鼠标选择"挤压"命令，然后选择后面的"边"，随后往"Y 轴"方向拖动鼠标，使其形成新的面，效果如图 3-49 所示。

图 3-48

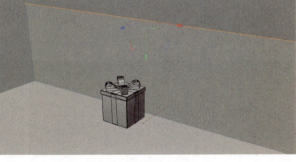

图 3-49

04 复制两个"礼盒"对象，然后删掉"礼盒2"的"盒子"和"盖子"对象，新建一个圆柱体并放进"礼盒 2"内作为子级对象。调整"半径"为106cm，"高度"为30cm，勾选"圆角"并调整"半径"为2cm，如图 3-50 所示。

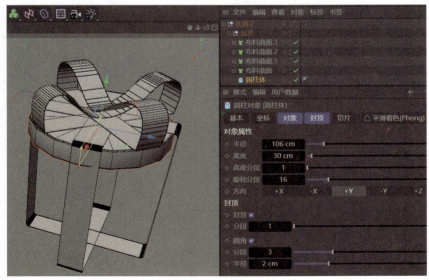

图 3-50

05 复制"圆柱体",修改"对象属性"中的"半径"为98cm,"高度"为200cm。然后分别给两个"圆柱体"添加"细分曲面"作为父级对象,如图3-51所示。最后把"礼盒2"修改名称为"圆形礼盒"。

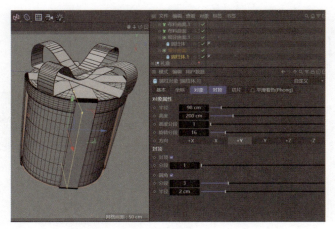

图 3-51

06 单击顶部"工具栏"中的"细分曲面"工具,新建一个"球体"对象作为其子级,执行"工具栏 > 变形器 > 公式"命令,把它放在"球体"的子级,如图3-52所示。

07 修改"变形器"中的"公式"对象参数"尺寸"分别为2000cm、500cm和1000cm,"球体"变成"心"的外形,完成后修改"细分曲面"的名称为"心",如图3-53所示。

图 3-52

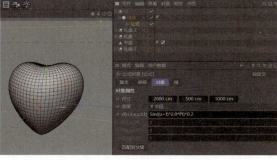

图 3-53

08 复制"心"对象,调整各个礼盒的位置,组成场景的基本构图,如图3-54所示。

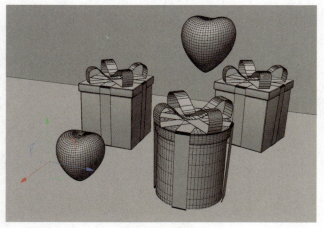

图 3-54

3.2 材质设置

3.2.1 材质与纹理节点

在开始编辑材质前,读者需要先单击顶部"工具栏"中的"编辑渲染设置",然后选择"渲染器"为 Redshift,在右边"采样"面板下,把"渐进次数"数值设置为 50,如图 3-55 和图 3-56 所示。

图 3-55

图 3-56

单击添加"顶部菜单栏 >Redshift> 灯光 > 穹顶光",如图 3-57 所示。

在"RS 渲染视图"面板,读者可以看到场景中的模型对象被渲染成白色,如图 3-58 所示。

图 3-57

图 3-58

完成上述步骤后,正式进入编辑材质环节。

01 执行"菜单栏 >Redshift> 材质 > 材质 > 材质"命令,如图 3-59 所示。

02 在"材质管理器"面板中,双击"RS 材质",如图 3-60 所示。

03 进入"材质节点"面板后,依次单击"基底属性 >DIFFUSE> 颜色",设置为 R: 255,G: 100,B: 100,如图 3-61 所示。

图 3-59

图 3-60

图 3-61

04 把所有对象（除平面、RS 环境光外）进行"群组对象"操作，并重命名为"模型"，然后把设置好的材质球拖放到其右侧标签栏内，如图 3-62 所示。在"RS 渲染视图"中的效果，如图 3-63 所示。

图 3-62

图 3-63

05 单击"顶部菜单 > 创建 > 材质 > 经典材质 > 新标准材质"，如图 3-64 所示；在"颜色"选项卡中把"纹理"设置为"素描与卡通 > 点状"，如图 3-65 所示。

06 单击"纹理"下的"图片"进入"着色器"面板，修改"形状"为"菱形"，修改"缺口颜色"参数中的颜色值为 R：255，G：100，B：100，把"旋转"参数值调整为"45°"，如图 3-66 所示。

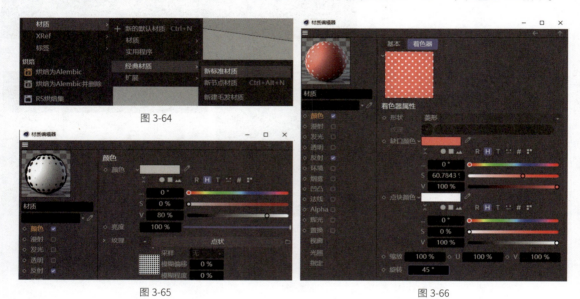
图 3-64

图 3-65　　　　　　　　　　　　　图 3-66

07 单击"Redshift> 材质 > 工具 > 转换材质"，完成后双击打开材质，效果如图 3-67 所示。本步骤可以把 Cinema 4D 的经典材质节点纹理转换为 Redshift 渲染器的材质，以便后续进行渲染。

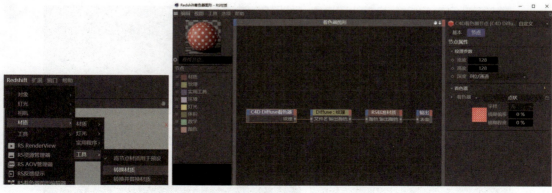
图 3-67

3.2.2 材质复用与灯光设置

当读者需要为场景中的多个模型添加同样的材质时，无须多次重复新建材质球。一个材质球可以对应无限个对象。同时，调整材质球时，所有关联的对象材质都会被修改。

01 把上一小节中完成的材质球拖曳到"对象面板"中的"礼盒 1 > 盒子"右边的标签栏上，如图 3-68 所示。

02 进行相同的操作，把材质球拖曳到其余礼盒中的"盒子"对象。对于"圆形礼盒"，拖曳材质球后，需要单击材质球，在"属性"面板中将"投射"修改为"立方体"，如图 3-69 所示。材质渲染效果可以在"RS 渲染视图"中查看，如图 3-70 所示。

图 3-68

图 3-69

图 3-70

03 复制纯色材质球，重命名为"浅色"。双击材质球，进入"材质节点"面板，修改"DIFFUSE"颜色数值为 R: 255，G: 200，B: 200，如图 3-71 和图 3-72 所示。

04 把"浅色"材质球拖曳到对象"平面"中，如图 3-73 所示。渲染效果可以在"RS 渲染视图"中查看，如图 3-74 所示。

图 3-71

图 3-73

图 3-72

图 3-74

3.3 渲染设置

3.3.1 灯光设置

在渲染最终效果图之前，还需要对场景中的灯光做进一步处理。

01 执行"菜单栏 >Redshift> 灯光 > 无限光"命令，如图 3-75 所示。

02 单击"对象"面板中的"RS 无限光"，在属性面板中，把"类型"改为"物理阳光"，"强度"改为 0.4，"日盘比例"改为 20，如图 3-76 所示。

图 3-75

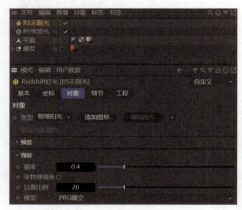

图 3-76

> **提示**
> "RS 远光灯"用于模拟现实中的太阳光照射效果。"强度"属性表示灯光的亮度，数值越大，太阳光线越强烈，场景越亮，过大的强度会导致画面过度曝光。"日盘比例"用于调整太阳投射到物体后产生的阴影边缘软硬程度，数值越小，投影边缘越清晰生硬，反之则越模糊柔和，除非特殊场景需要，否则一般会调整数值，让投影显得更真实。

03 在"透视视图"中，使用"旋转"工具对"RS 远光灯"进行旋转，如图 3-77 所示。调整完成后，渲染效果可以在"RS 渲染视图"中查看，如图 3-78 所示。

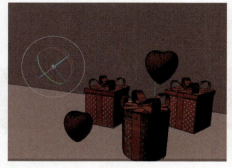

图 3-77

图 3-78

3.3.2 渲染效果图

01 执行"工具栏 > 编辑渲染设置 >Redshift"命令，在右边"采样"面板下，将"渐进次数"数值设置为 500，把"降噪"功能的"启用"勾选上，"引擎"选择"Altus 单"，如图 3-79 所示。

图 3-79

02 进入"保存"设置面板,把文件保存在"第3单元练习"文件夹,并命名为"C4D效果图",如图 3-80 所示。

03 单击顶部"工具栏"中的"渲染到图像查看器",如图 3-81 所示。等待计算机进行渲染完成后,在"第 3 单元练习"文件夹中即可看到效果图。

图 3-80

图 3-81

3.3.3 Photoshop 后期合成

在渲染完成后,还需要把效果图放进 Photoshop 中做进一步处理。

01 使用"文字工具",在效果图上写上对应的文字,并把"字体"设置为"思源黑体 CN / Bold","颜色"改为 #ff415a,如图 3-82 和图 3-83 所示。

02 复制"Sale"图层,重命名为"白边",如图 3-84 所示。

图 3-82

图 3-83

图 3-84

03 双击"白边"图层,进入"图层样式"面板,把"混合选项 > 填充不透明度"中的百分比改为 0,如图 3-85 所示。在"描边"属性中设置"大小"为 3 像素,"颜色"设置为"白色",如图 3-86 所示。效果如图 3-87 所示。

图 3-85　　　　　　　　　　　　　图 3-86

图 3-87

04 使用"圆角矩形"工具,设置"半径"为 50 像素,绘制出按钮形状,如图 3-88 所示。

图 3-88

05 双击"圆角矩形"图层，进入"图层样式"面板，设置"结构＞样式"为"外斜面"，"方法"为"平滑"，"大小"为 4 像素，如图 3-89 所示。

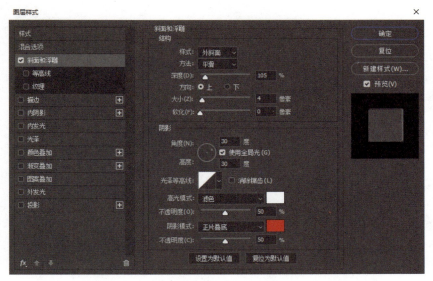

图 3-89

06 利用"文字"工具写上"进入会场"文字，调整各图层在画面中的位置，即可完成 Banner 制作。最终效果如图 3-90 所示。

图 3-90

主图设计与实战：
文具用品

本章介绍了电商主图的设计要点与技巧，帮助读者了解主图的设计规范。结合项目实操，读者将能够全面掌握产品主图的设计流程。

4.1 主图基础构成

4.1.1 主图是什么

在电商行业中,主图是指在电商平台上用于展示商品的主要图片,如图4-1所示。它通常是商品的外观或产品的最具吸引力的部分图片,尺寸分为1∶1和3∶4两种(常见为800px×800px或750px×1000px)。

电商主图的目的是吸引潜在买家的注意力,展示商品的特点和优势,促使他们点击进入商品详情页,并进行购买。因此电商主图的质量和吸引力对于提高商品的曝光率和销售量非常重要。

图 4-1

在对主图进行前期创意构思和设计过程中都应该留意以下几点。

1. 产品展示:电商主图应该清晰地展示产品的外观、特点、规格和功能,使潜在买家能够直观地了解产品。

2. 高质量:电商主图应该是高质量的图片,清晰度高,色彩鲜明。这有助于提升产品的形象和品质感,增加买家的信任度。

3. 产品细节:主图应该能够突出产品的关键细节,例如特殊设计、材质和功能等。这有助于潜在买家更好地了解产品,并在决定购买之前进行比较和评估。

4. 背景和布局:主图的背景和布局应该简洁、干净,避免干扰买家对产品的注意力。背景可以选择单色或中性色调,以突出产品本身。

5. 品牌一致性:电商主图应该与品牌形象保持一致。这意味着使用相似的风格、色彩和字体,可以方便买家识别品牌并建立信任感。

6. 合规性:主图应符合电商平台的规定和要求。不同的电商平台可能对主图的尺寸、文件格式和水印等有不同的要求,卖家应该遵守这些规定以确保产品的上架和展示。

4.1.2 主图风格

电商主图的设计风格可以根据不同的产品类型、品牌定位和目标受众来进行选择。以下是一些常见的电商主图设计风格。

干净简约风格：这种风格注重简洁、清晰的设计，通常使用单色或中性色调作为背景，以突出产品的特点和细节，如图 4-2 所示。

白底产品展示风格：将产品放置在白色背景上，突出产品的外观和细节。这种风格简洁明快，适用于各种产品类型，如图 4-3 所示。

图 4-2　　　　　　　　　　　　　　　　图 4-3

生活场景风格：将产品放置在真实的生活场景中，展示产品在实际使用环境中的效果。这种风格可以帮助买家更好地想象产品的用途和效果。

扁平设计风格：使用简洁的图标和矢量图形，以及明亮的颜色和简单的排版，营造出现代感和时尚感。

故事叙述风格：通过一系列图片或插图来讲述产品的故事，以引起买家的情感共鸣和兴趣。

色彩鲜明风格：使用鲜明的颜色和对比度高的图像，以吸引买家的注意力并增加产品的视觉冲击力。

图文结合风格：将产品的关键特点和文字信息结合在一起，以便买家能够更直观地了解产品的优势和功能。

4.1.3　主图排版技巧

读者在设计电商主图的排版时，可以参考以下几点建议。

突出主要信息：将产品的主要特点、优势或独特卖点放置在主图的显著位置，以吸引买家的注意力。这可以是产品的名称、关键字、标语或图标等。

使用层次结构：通过使用不同的字体、字号、颜色和样式，以及对文本和图像的分组，创建层次结构，使主图更易于阅读和理解。重要的信息应该更大、更醒目，次要的信息则可以较小或以不同的方式呈现。

简洁明了：避免在主图中过度堆砌信息，保持简洁和清晰。只包含最重要的信息，以避免混乱和混淆买家，如图 4-4 所示的反例，过多的卖点容易让买家感到无所适从。

图 4-4

使用吸引人的图像：选择高质量、吸引人的图片来展示产品。图像应该清晰、高分辨率，并能够准确地展现产品的外观和特点。

考虑比例和对称性：保持主图中元素的比例和对称性，以创造视觉上的平衡和美感。避免元素过于拥挤或不平衡的排列。

考虑电商平台的要求：不同的电商平台对主图的尺寸和比例可能有不同的要求。确保主图符合平台的规定，以避免被裁剪或变形。

考虑移动设备的显示：越来越多的买家使用移动设备进行在线购物，因此确保主图在小屏幕上也能清晰展示和易于阅读。如图 4-5 所示，图片在手机上显示时，过小的字号会导致买家无法看清楚图片上的文字。

测试和优化：根据买家的反馈和数据分析，不断测试和优化主图的排版。尝试不同的布局、字体和颜色组合，以找到最有效的设计。

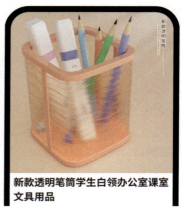

图 4-5

4.2 新建模型

在对产品进行建模前，需要观察产品的实物外观及各部件和结构，再动手建模，如果产品未生产上市，也可以通过图纸对产品的三视图有清晰的了解，这样在建模时才能做到心中有数。

4.2.1 主体建模

在建模前，单击 Cinema 4D 顶部的界面选项卡 Model，切换软件界面，如图 4-6 所示，以提高后续建模的效率。

图 4-6

接下来，我们制作笔筒的外框架，步骤如下。

01 创建"平面"对象，并把其属性"宽度"和"高度"都改为 200cm，"宽度分段"和"高度分段"均改为 1，如图 4-7 所示。

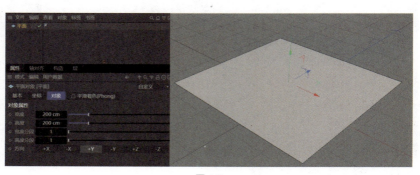

图 4-7

02 对"平面"执行"转为可编辑对象"命令后,在"点模式"下全选(快捷键 Ctrl+A)"平面"的所有"点",然后右击鼠标选择执行"倒角"命令,把倒角"偏移"设置为30cm,"细分"设置为2,按回车键确认执行,如图 4-8 所示。

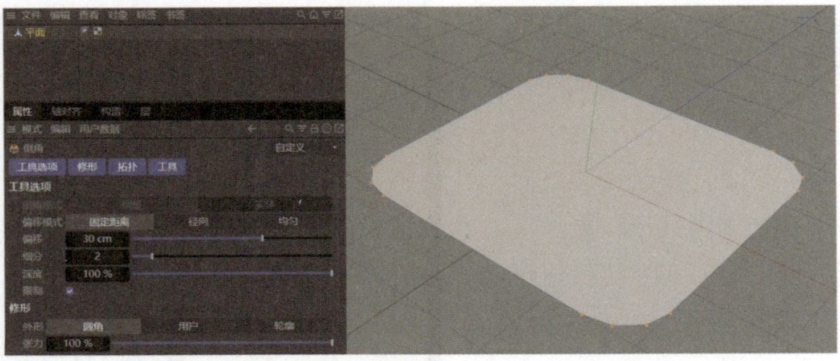

03 复制一个"平面"对象,并把名称分别改为"顶部"和"底部",如图 4-9 所示。

图 4-9

图 4-8

04 在"面模式"下选择"顶部"对象的"面",右击鼠标选择"嵌入"命令,把"偏移"设置为13cm后执行,如图 4-10 所示。执行完毕后把内部的"面"删除,效果如图 4-11 所示。

05 选择所有"面",右击鼠标选择"挤压"命令,把"偏移"设置为13cm,勾选"创建封顶"并执行,如图 4-12 所示。

06 在"线模式"下使用"循环选择"工具,按住 Shift 键,同时选择模型图 4-13 所示的线条;使用"倒角"命令,把"倒角模式"设置为"实体","偏移"设置为3cm 并执行,如图 4-14 所示。

图 4-10

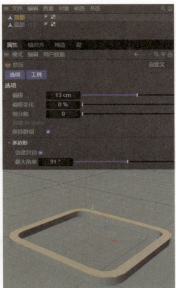

图 4-12

图 4-13

图 4-11

图 4-14

至此,"顶部"已经完成建模,接下来我们选择"底部"进行修改,步骤如下。

01 在"点模式"下,单击鼠标右键选择"线性切割"工具,对"底部"对象在点与点之间进行切割,如图 4-15 所示。最终切割完成后,效果如图 4-16 所示。

02 在"面模式"下选择所有的"面",使用"挤压"命令,把"偏移"设置为 13cm 并执行,如图 4-17 所示。

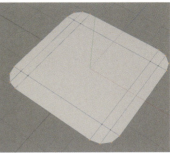

图 4-15　　　　　　　　　　图 4-16

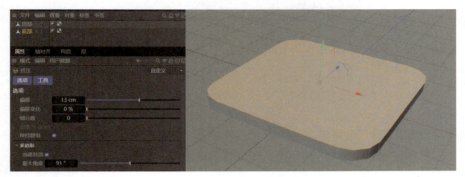

图 4-17

03 在"线模式"下,使用"循环选择"工具,按住 Shift 键的同时,选择模型图 4-18 所示的线条。使用"倒角"命令,把"倒角模式"设置为"实体","偏移"设置为 3.9cm 并执行,如图 4-19 所示。

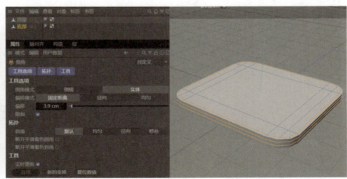

图 4-18　　　　　　　　　　图 4-19

完成上述步骤后,同时选择"顶部"和"底部"两个对象,单击鼠标执行"群组对象"命令,并添加"细分曲面"作为该组的父级,如图 4-20 所示。

图 4-20

新建 2 个"立方体"对象,"尺寸.X"设置为 20cm、"尺寸.Y"设置为 220cm、"尺寸.Z"设置为 2cm,并放置在图 4-21 所示的位置上。

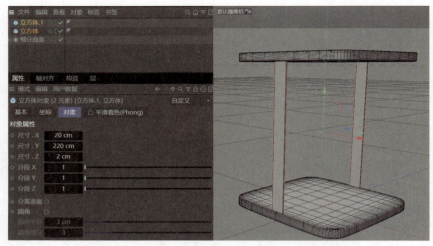

图 4-21

主体模型的透明筒身制作步骤如下。

01 在"对象"面板中单击"细分曲面"对象右侧的√,以关闭其效果,然后在"线模式"下使用"循环选择"工具,选择"顶部"对象的线条,如图 4-22 所示。接着,执行"菜单 > 网格 > 提取样条"命令,成功后会在"顶部"对象的子级看到新对象"顶部.样条",如图 4-23 所示。

02 给"顶部.样条"对象增加"挤压"作为父级,并把属性"偏移"设置为 220cm,如图 4-24 所示。

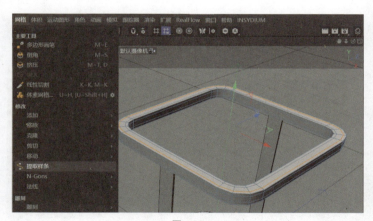

图 4-22

图 4-23

图 4-24

03 选择"挤压"和"顶部.样条"对象,单击鼠标右键执行"连接对象+删除"命令,单击"顶部工具栏>视窗独显"按钮,让模型单独显示方便观察与操作,如图4-25所示。

04 在"面模式"下,选择全部"面",单击鼠标右键,选择"挤压"命令,把"偏移"设置为–6cm,如图4-26所示。

05 再次选择全部"面",右击鼠标选择"反转法线"命令,执行后所有"面"呈现出浅黄色表示结果正确,如图4-27所示。

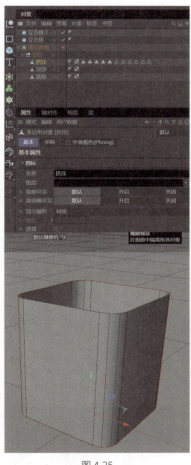
图 4-25

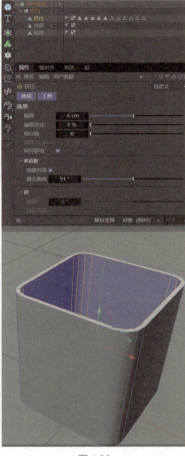
图 4-26

图 4-27

06 在"线模式"下,使用"循环选择"工具,选择图4-28所示的线条,并执行"倒角"命令,"倒角模式"设置为"实体","偏移"设置为3cm,如图4-29所示。

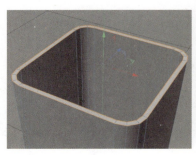
图 4-28

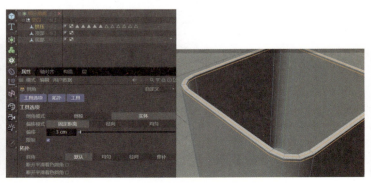
图 4-29

第 4 章 主图设计与实战:文具用品 | 047

07 使用"循环选择"工具,选择中间的线条,右击鼠标执行"消除"命令,把其中一根线消除,如图 4-30 所示。

08 同样,对当前模型的底部重复执行第 6 步和第 7 步操作,使模型的上下线条保持一致,如图 4-31 所示。

> **提示**
> 此处需要特别注意,该命令执行后会把选中的线条消除,但模型上依然保留一根线条,这是因为第 6 步中倒角产生了两根重叠的线条,因此我们通过当前步骤,保留其中一根线条即可。

图 4-30

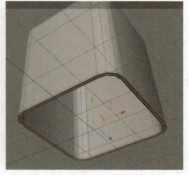

图 4-31

09 把"挤压"对象重命名为"筒身",关闭"视窗独显",开启"细分曲面",如图 4-32 所示。

10 按住 Shift 键,同时选择两个"立方体"和"细分曲面"对象,右击鼠标执行"群组对象"命令,并把新空白群组重命名为"主体",随后把"筒身"对象右侧的"选集"全部删除,并拖出"细分曲面"群组,把其作为"主体"的子级,最终各对象的层级关系如图 4-33 所示。

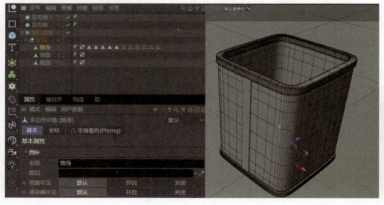

图 4-32

图 4-33

> **提示**
> 关于对象层级应该如何划分,读者可以根据对象的关系、材质、位置等因素自由分组。比如,把 A、B、C 三个对象划分为"产品主体"群组,D、E 两个对象划分为"其他装饰"群组,方便高效地选择对应的产品群组。同时在"产品主体"群组下,再次把具有相同材质的对象群组在一起,这样可以方便我们直接把材质球放置在群组上,即可让其子级全部应用该材质。
>
> 读者可以根据项目的实际情况进行更多、更复杂的群组和层级划分,以满足需要。

4.2.2 配饰建模

主体产品建模完成后，为了丰富场景，可以根据产品的特点创建一些合适的配饰模型，比如案例中的笔筒，可以搭配铅笔、马克笔等文具模型去展示产品的实用性。

接下来我们开始制作马克笔和铅笔的模型，步骤如下。

01 创建"平面"对象，把"宽度"和"高度"均设置为60cm，"宽度分段"和"高度分段"均设置为1，如图4-34所示。

02 对"平面"对象执行"转为可编辑对象"命令后，在"点模式"下选中全部点，使用"倒角"工具，并把"偏移"设置为15cm，"细分"设置为2后执行命令，如图4-35所示。

03 复制一个"平面"对象，并分别重命名为1和2，如图4-36所示。

图4-34　　　　　图4-35　　　　　图4-36

04 在"面模式"下选择对象2，使用"嵌入"工具，把"偏移"设置为4cm后执行命令，如图4-37所示。

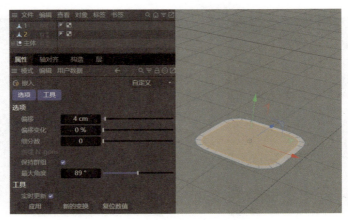

图4-37

05 删除嵌入后的"面",并选择剩余的所有"面",如图 4-38 所示。然后使用"挤压"工具,把"偏移"设置为 80cm,勾选"创建封顶"后执行命令,如图 4-39 所示。

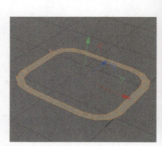

图 4-38   图 4-39

06 在"线模式"下,使用"循环选择"工具,选择图 4-40 和图 4-41 所示的上面和下面各两圈的线条。

07 使用"倒角"工具,把"倒角模式"设置为"实体","偏移"设置为 2cm 后执行命令,如图 4-42 所示。

  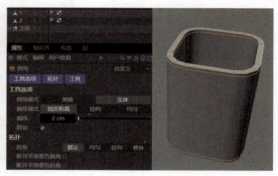

图 4-40   图 4-41   图 4-42

08 使用"循环选择"工具,选择"倒角"后新增的中间线条,单击鼠标右键执行"消除"命令,如图 4-43 所示。模型底部也重复执行该操作。

09 选择对象"1",使用"挤压"工具,把"偏移"设置为 100cm 后执行命令,如图 4-44 所示。

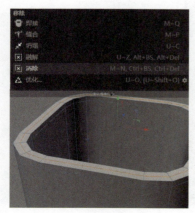 

图 4-43   图 4-44

⑩ 删除底部的"面",在"线模式"下使用"循环选择"工具选择整圈线,使用"挤压"工具,设置"偏移"为3cm后执行命令,如图4-45所示。

⑪ 单击屏幕任意空白处后(用以重置挤压工具),再次使用"挤压"工具,设置"偏移"为103cm后执行命令,如图4-46所示。

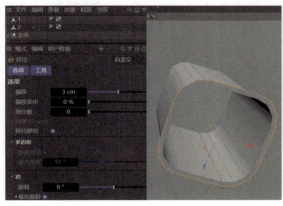
图 4-45

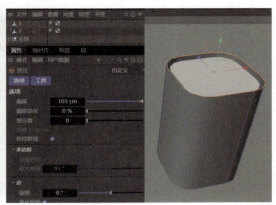
图 4-46

⑫ 重置挤压工具后,继续使用"挤压"工具,设置"偏移"为-5cm后,执行命令,如图4-47所示。

⑬ 重置挤压工具后,继续使用"挤压"工具,设置"偏移"为-8cm后,执行命令,如图4-48所示。

⑭ 重置挤压工具后,继续使用"挤压"工具,设置"偏移"为6cm后,执行命令,如图4-49所示。

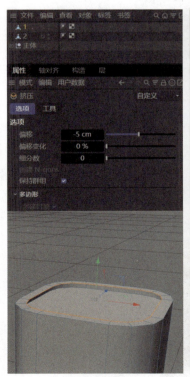
图 4-47

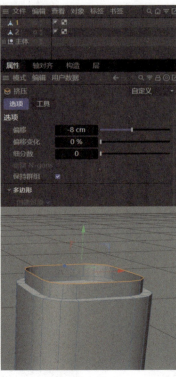
图 4-48

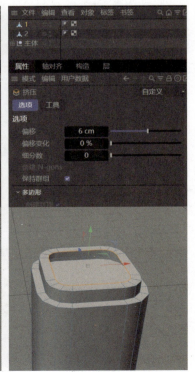
图 4-49

⑮ 单击鼠标右键，对中间"孔洞"执行"封闭多边形孔洞"命令后，使用"线性切割"工具在点与点之间进行切割，如图 4-50 所示。最终切割完成后，效果如图 4-51 所示。

⑯ 使用"循环选择"工具，选择图 4-52 所示的线条。

图 4-50

图 4-51

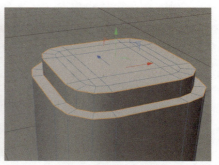
图 4-52

⑰ 使用"倒角"工具，把"偏移"设置为 2.7cm 后执行命令，如图 4-53 所示。

⑱ 使用"循环选择"工具，选择图 4-54 所示的两段线条，单击鼠标右键，执行"消除"命令。

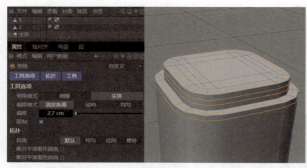
图 4-53

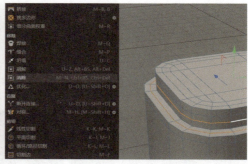
图 4-54

⑲ 对于模型的底部，同样地使用"循环选择"工具，选择图 4-55 所示的线条。

⑳ 使用"倒角"工具，把"偏移"设置为 5.5cm 后执行命令，如图 4-56 所示。

㉑ 使用"循环选择"工具，选择图 4-57 所示的两段线条，单击鼠标右键，执行"消除"命令。

图 4-55

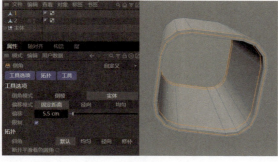
图 4-56

图 4-57

22 在"面模式"下,选择全部"面"右击鼠标执行"反转法线"命令,所有"面"变成浅黄色即表示执行成功,如图 4-58 所示。

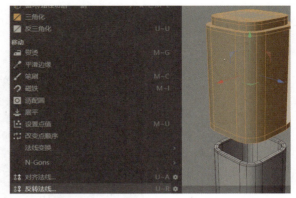

图 4-58

23 在"模型模式"下,选择复制对象 1,并重命名为 3,使用"旋转工具"旋转 180°(旋转时按住 Shift 键可以让旋转角度保持整数),如图 4-59 所示。

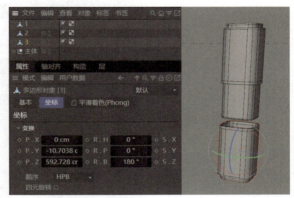

图 4-59

24 在"点模式"下,执行"菜单 > 选择 > 框选"命令,使用"框选"工具,选择对象 3 的底部全部"点",并使用"移动"工具沿 Y 轴方向往下拖动,如图 4-60 所示。

25 按住 Shift 键同时选择对象 1、2、3,单击鼠标右键执行"群组对象"命令,新建"细分曲面"作为"空白"组的父级对象,并重命名为"马克笔",如图 4-61 所示。

图 4-60

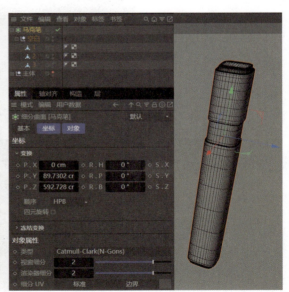

图 4-61

至此,马克笔建模完成,接下来继续制作铅笔模型,步骤如下。

01 新建"圆柱体"对象,把"半径"设置为10cm,"高度分段"设置为1,"旋转分段"设置为12,如图4-62所示。

02 对"圆柱体"对象执行"转为可编辑对象"命令后,在"点模式"下使用"移动"工具,沿Y轴方向往上拖动中间的点,如图4-63所示。

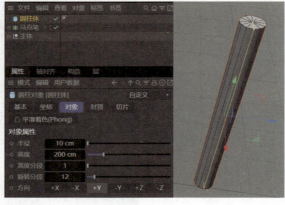

图4-62　　　　　　图4-63

03 在"对象"面板中单击"圆柱体"对象右侧属性栏中的"平滑标签(平滑着色)",在"属性"面板中把"平滑着色角度"设置为20°,如图4-64所示。

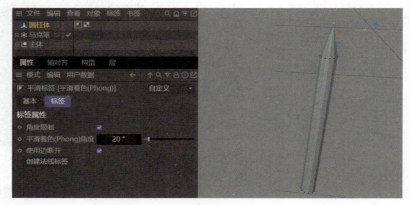

图4-64

04 在"线模式"下,单击鼠标右键,选择"循环/路径切割"工具,在图4-65所示的位置进行切割。

05 在"点模式"下,单击鼠标右键,选择"滑动"工具,每隔一个点进行向上滑动,如图4-66所示。

06 把"圆柱体"对象重命名为"铅笔",如图4-67所示。

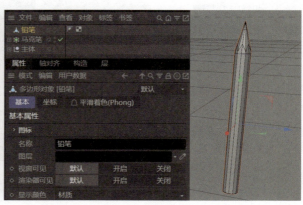

图4-65　　图4-66　　　　　　图4-67

至此,主体和配饰的模型建模完毕,可以进入场景布置阶段。

4.2.3 布置场景

在"四视图"中观察"笔筒""马克笔"和"铅笔"的位置,如图 4-68 所示。

使用"移动"和"缩放"工具调整"马克笔""铅笔"的位置和大小,使其适配"笔筒",如图 4-69 所示。

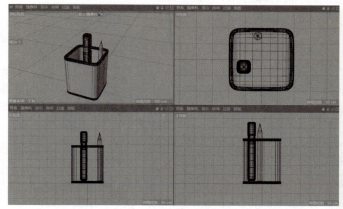
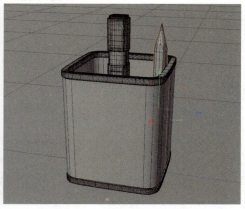

图 4-68　　　　　　　　　　　　　　　　图 4-69

新建"球体"对象,把"半径"设置为 10cm,放置在"笔筒"里面,如图 4-70 所示。

新建"平面"对象,把"宽度"和"高度"均设置为 3000cm,"宽度分段"和"高度分段"均设置为 1,并放置于笔筒底部,如图 4-71 所示。

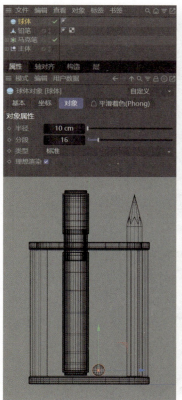

> **提示**
>
> 　　在进行场景设计时,读者需要特别注意,相同的模型可以在进行材质设置后再进行批量复制。比如,本案例中的"马克笔"和"铅笔"可以在后续设置好材质后再进行批量复制,这样可以把材质球一并复制以节约工作时间。

图 4-70　　　　　　　　　　　　　　　　图 4-71

4.2.4 摄像机与视图

建模完毕后，读者可以单击 Cinema 4D 顶部的界面选项卡 Redshift 切换软件界面，如图 4-72 所示。

图 4-72

执行"菜单>渲染>编辑渲染设置"命令，在"渲染设置"面板中把"渲染器"设置为 Redshift，在右侧"输出"选项中，把"宽度"和"高度"均设置为 800 像素，如图 4-73 所示。

执行"菜单>Redshift>相机>标准"命令，添加"RS 相机"对象，并单击右侧图标开启摄像机，在"属性面板"中单击"对象"选项卡，把"焦距（mm）"设置为 80，如图 4-74 所示。

图 4-73

图 4-74

在进行灯光与材质制作前，需要把视图界面配置好，方便后续观察视觉效果，步骤如下。

01 在"顶视图"菜单中把"摄像机>投射"设置为"透视视图"，如图 4-75 所示。

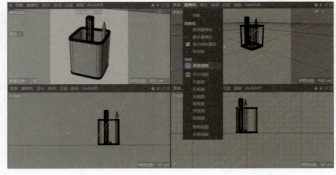

图 4-75

02 继续在当前视图中把"显示>着色"设置为"光影着色(线条)"模式，如图 4-76 所示。

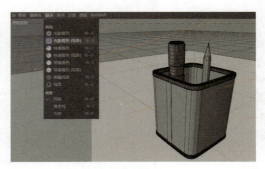

图 4-76

03 单击"菜单 >Redshift>RS 渲染视图",调出"RS 渲染视图"后长按鼠标左键,拖动该面板左上角的图标至软件左侧窗口,如图 4-77 所示。

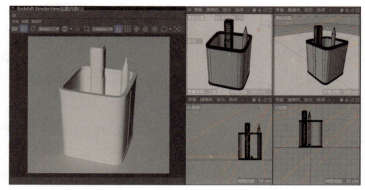

图 4-77

至此,摄像机与视图界面设置完毕。在接下来的操作中,读者可以通过左上角的"RS 相机视图",调整画面中各模型的位置和角度;通过右上角的"透视视图"自由移动视图,方便观察各模型的细节。两个视图各不相冲突,"透视视图"不会改变最终的画面效果。

4.3 灯光设计

4.3.1 HDR 运用

HDR(High Dynamic Range)是指高动态范围图像。它是一种特殊的图像格式,用于模拟真实世界中的光照和环境。HDR 图像是通过在不同曝光水平下拍摄多个照片,然后将它们合成在一起,以捕捉更广泛的亮度范围和更丰富的细节。这类图像通常包含非常高的亮度值和颜色信息,以模拟真实世界中的光照条件。

在 Cinema 4D 中,HDR 图像可以用作全局照明和环境反射的来源。它可以用于创建逼真的光照效果,使场景中的物体反射和投射出正确的光线和阴影。通过使用 HDR 图像,可以模拟不同的光照条件,例如室内灯光、户外阳光或夜晚的城市景观。

为了表现出案例中产品"笔筒"在真实环境下的材质效果,可以使用室内类型的 HDR 贴图。

单击"顶部菜单栏 >Redshift> 灯光 >RS 穹顶光",在"属性"面板中的"常规 > 纹理"添加"室内 2_4k.hdr"文件,如图 4-78 所示。

添加 HDR 后,在"RS 渲染视图"中可以看到笔筒和地面模型都受到 RS 穹顶光的影响而变成淡橙色,同时笔筒中间的洞由于没有被光线照射而变得相对较暗,如图 4-79 所示。

图 4-78

图 4-79

以下是关于"RS 穹顶光"对象重要参数的介绍。

强度：调节"RS 穹顶光"的整体亮度，当需要模拟光线较弱（黄昏、夜晚）的环境或场景有其他光源补充时，可以适当降低该数值，把"强度"设置为 0.2 后，整体画面会比较暗，如图 4-80 所示。

颜色：调整"RS 穹顶光"的颜色，在需要制作不同画面氛围时使用。

纹理：加载 HDR 文件作为"RS 穹顶光"光源。

色相/饱和度/伽马：调整 HDR 的显示效果，把"饱和度"设置为 0 后，HDR 变成了黑白的效果，可以在保持 HDR 光线的同时，防止场景中的模型受其颜色影响，如图 4-81 所示。

背景：隐藏 HDR 画面，但保留其"RS 穹顶光"效果，如图 4-82 所示。

图 4-80

图 4-81

图 4-82

4.3.2 物理阳光

除了使用 HDR 模拟"RS 穹顶光"，还可以添加"物理阳光"作为模拟太阳的光源，能够更好地模拟产品的投影效果，增加画面的真实性。

单击"菜单栏 >Redshift> 灯光 >RS 无限光"，在"属性"面板"坐标"中把 R.P 设置为 -20°，在"对象"中把"类型"改为"物理阳光"，如图 4-83 所示。

在"RS 渲染视图"中可以看到，增加"物理阳光"后，笔筒的投影被投射至平面上，设置"太阳圆盘秤"的数值为 20，可以把投影虚化，效果如图 4-84 所示。

图 4-83

图 4-84

4.3.3 调整参数

当画面中同时加入"RS 穹顶光""物理阳光"以及其他类型的灯光时，画面的光线容易重叠，产生比如亮度过高、互相遮挡、漏光等等不好的画面效果，因此在布光时，读者应根据场景的实际情况调整光源的位置和亮度等参数。

选择"RS 穹顶光",把"坐标"选项中的 R.H 设置为 115°,R.P 设置为 -25°,R.B 设置为 0°,如图 4-85 所示。

选择"RS 无限光",把"坐标"选项中的 R.H 设置为 120°,R.P 设置为 -30°,R.B 设置为 10°,把对象选项中的"强度"设置为 0.2,如图 4-86 所示。

图 4-85

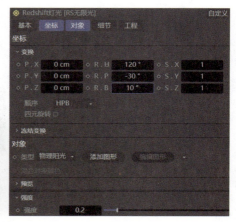

图 4-86

在"RS 渲染视图"中可以实时观察调整的效果,经过调整后,笔筒的投影尽量隐藏在背面,有助于保持整体画面的干净感,同时把产品正面和侧面照亮,如图 4-87 所示。

> **提示**
> 光源的参数需要根据具体的画面进行调整。产品的远近、大小、位置以及材质等因素都会对画面产生不同的光影效果。因此,读者可以通过观察"RS 渲染视图"实时查看效果,以便调整光源,达到满意的效果。

图 4-87

4.4 材质设置

4.4.1 漫射材质

材质球主要用于给模型进行着色、添加纹理、调整反射等等,以模拟产品的材质效果。

首先给背景制作材质,作为主图的底色,不能喧宾夺主,可以使用浅色背景 + 深色产品的搭配,让画面简洁清新,同时有效地突出产品的外观。

01 创建"RS 材质"后,重命名为"背景",双击鼠标进入"RS 着色器",把"基底属性 > 漫反射 > 颜色"设置为 R:255,G:218,B:186,如图 4-88 所示。

图 4-88

第 4 章 主图设计与实战:文具用品 | 059

02 把"基底属性>反射>粗糙度"设置为 0.5,如图 4-89 所示。

03 把设置好的材质球赋予"平面"对象。在"RS 渲染视图"中可以看到,"平面"为淡黄色的材质,受"粗糙度"影响,表面无强烈反光,如图 4-90 所示。

图 4-89

图 4-90

对于类似的材质,还有铅笔的笔杆表面和内部木头部分,设置步骤如下。

01 复制"背景"材质球,并重命名为"铅笔木头",进入"RS 着色器"后修改"基底属性>漫反射>颜色",设置为 R:255,G:189,B:148,如图 4-91 所示。

02 完成设置后把"铅笔木头"材质球赋予"铅笔"对象后,在 RS 预览窗口查看效果,如图 4-92 所示。

图 4-91

图 4-92

03 在"面模式"中,使用"循环选择"工具选择属于木头部分的"面",使用"菜单>选择>存储选集"命令,把当前选择的"面"设置为"选集",如图 4-93 所示。

04 单击材质球后,把"多边形选集"拖放至"标签属性>选集",木头材质即可应用于指定的"面",如图 4-94 所示。

05 复制"铅笔木头"材质球,重命名为"笔杆",进入"RS 着色器",把"基底属性>漫反射>颜色"设置为 R:158,G:218,B:255,如图 4-95 所示。

06 把"反射>粗糙度"设置为 0,如图 4-96 所示。

图 4-93

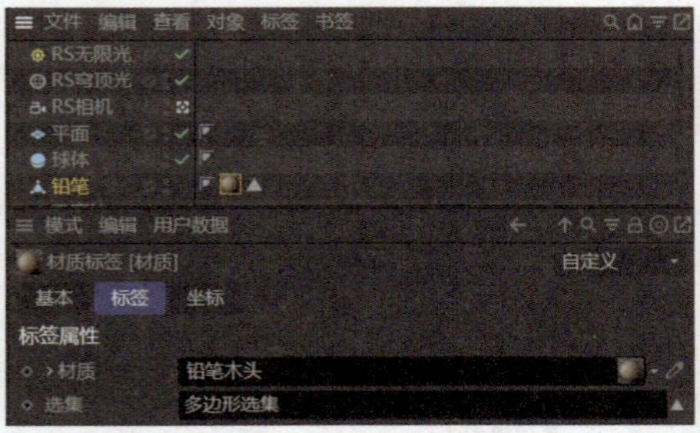

图 4-94   图 4-95 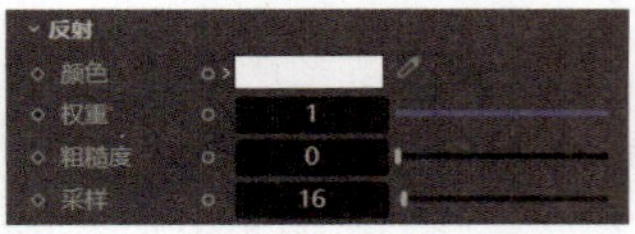   图 4-96

07 完成设置后把"笔杆"材质球赋予"铅笔"对象,最终效果如图 4-97 所示。

图 4-97

> **提示**
>
> 读者需要特别注意,在"对象"面板中,材质球的左右顺序会影响材质的应用。靠右边的材质球会覆盖靠左边的材质效果。
>
> 在本案例中,因为"笔杆"材质球没有设置"选集",默认是"所有面"应用,因此需要靠左边放;而"铅笔木头"材质靠右边放,权重更高,会覆盖"笔杆"材质的效果,但同时由于设置了"选集",因此"铅笔木头"的材质效果只会应用于"选集"的"面",其余非选集的"面"会继续保留"笔杆"材质的效果。
>
> 同样的,父级对象的材质球也会应用于子级对象,但如果子级对象拥有材质球,则其权重更高,将优先应用自身的材质效果。

4.4.2 塑料材质

01 创建 Redshift 渲染器 "RS 材质"后,重命名为"框架",双击鼠标进入"RS 着色器",把"基底属性 > 预设"设置为"塑料";把"基底属性 > 漫反射 > 颜色"设置为 R:255,G:189,B:148,如图 4-98 所示。

02 在设置好的材质球上长按鼠标左键,拖放至"对象"面板内"主体"对象右侧,如图 4-99 所示。塑料材质具有更强的光感,会更容易被光源影响其高光和反射。

图 4-98　　　　　　　　图 4-99

03 复制"框架"材质球,重命名为"马克笔",双击鼠标进入"RS 着色器",把"基底属性 > 漫反射 > 颜色"设置为 R:255,G:255,B:255,如图 4-100 所示。

04 再把设置好的材质球赋予"马克笔"对象,最终效果如图 4-101 所示。

图 4-100　　　　　　　　图 4-101

05 复制"框架"材质球,重命名为"马克笔颜色",双击鼠标进入"RS 着色器",把"基底属性 > 漫反射 > 颜色"设置为 R:243,G:203,B:205,如图 4-102 所示。

06 再把设置好的材质球赋予 "马克笔 > 空白 >2" 对象,最终效果如图 4-103 所示。

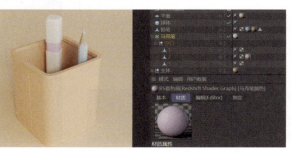

图 4-102　　　　　　　　图 4-103

07 复制"框架"材质球，重命名为"笔芯"，双击鼠标进入"RS着色器"，把"基底属性 > 漫反射 > 颜色"设置为 R：28，G：28，B：28，如图 4-104 所示。

08 使用"循环选择"工具，选择笔芯部分的"面"并设置为"选集"，如图 4-105 所示。

09 再把设置好的材质球赋予"铅笔"对象，并把"多边形选集.1"拖放至"标签属性 > 选集"，如图 4-106 所示。

图 4-104

图 4-105

图 4-106

4.4.3 玻璃材质

玻璃材质的应用效果比较依赖场景中的光线，要实现逼真的玻璃效果，不仅需要对材质进行设置，还要对场景中的光源进行调整，以配合其材质的折射效果。

01 创建 Redshift 渲染器"RS 材质"后，重命名为"玻璃"，双击鼠标进入"RS 着色器"，把"基底属性 > 预设"设置为"玻璃"；如图 4-107 所示。

02 把"基底属性 > 折射/透射 > 颜色"设置为 R：255，G：245，B：236，如图 4-108 所示。

图 4-107

图 4-108

03 单击"基底属性 > 反射 > 粗糙度"，设置为 0.2，如图 4-109 所示。

04 在左侧"节点"面板中搜索"置换"，把"置换"节点拖放至视图中心并与"输出"节点的"置换"端口连接，如图 4-110 所示。

图 4-109

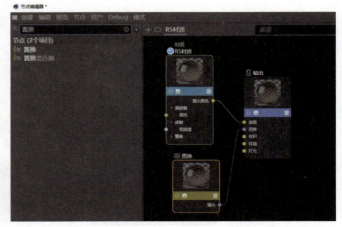

图 4-110

05 搜索"平铺",把"平铺"节点拖放至视图中心,把"图案"设置为"波动1";然后与"置换"节点的"纹理 >TexMap"端口连接,如图 4-111 所示。

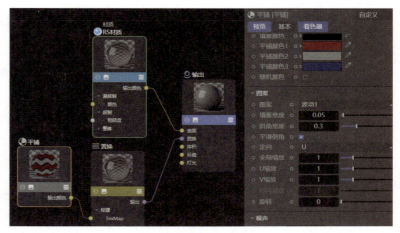

图 4-111

06 再把设置好的材质球赋予"筒身"对象,如图 4-112 所示。磨砂玻璃的材质效果已经体现出来。

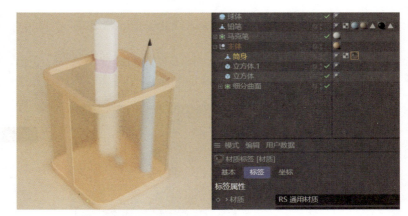

图 4-112

07 鼠标右击"筒身"对象,添加"渲染标签 >RS 对象"标签,如图 4-113 所示。

08 单击进入"RS 对象"标签的"属性"面板,分别勾选"几何体 > 覆盖"和"置换 > 启用"两个选项,如图 4-114 所示。

09 在"RS 渲染视图"中可以看到,筒身的玻璃材质已经有了波浪的凹凸纹理,在"RS 着色器"内通过修改"平铺"节点的"图案 > 全局比例"数值为 0.5,即可修改波浪纹理的大小,如图 4-115 所示。

图 4-113

图 4-114

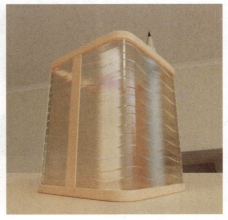

图 4-115

第 4 章　主图设计与实战:文具用品 | 063

4.4.4 UV 贴图

当需要在产品模型的指定位置上准确地增加类似品牌信息等贴图时，就需要对模型进行展开 UV 的操作。

UV 贴图是计算机图形学中的一种技术，用于将纹理映射到三维模型的表面上。它是一种二维图像，用于定义三维模型表面上每个顶点的纹理坐标。

UV 贴图的名称来自其使用的坐标系统，其中 U 和 V 表示二维平面上的坐标轴，类似于 X 和 Y 轴。在 UV 贴图中，每个顶点都被赋予一个对应的 U 和 V 坐标，这些坐标确定了纹理图像中对应的像素。

通过将纹理图像映射到模型的表面上，UV 贴图使模型能够显示出细节、颜色和纹理。例如，可以使用 UV 贴图将木纹纹理应用到木质家具模型上，使其看起来更真实和具有纹理感。

在创建 UV 贴图时，通常需要将模型展开为平面，并将其各个面的顶点映射到纹理图像上的相应位置。这可以通过 Cinema 4D 中的 UV 编辑工具来完成。一旦 UV 贴图创建完成，它可以与模型一起导出，并在渲染或实时渲染引擎中应用于模型，以呈现出纹理和细节。

在本案例中，需要对"马克笔"模型进行 UV 贴图，步骤如下。

01 关闭"马克笔（细分曲面）"对象显示，单击选择对象"3"，执行"视窗独显"命令，如图 4-116 所示。

02 单击 Cinema 4D 顶部的界面选项卡"UVEdit"切换软件界面，如图 4-117 所示。

图 4-116

图 4-117

03 在软件界面左下方的"UV 管理器"面板上，单击"自动 UV"选项卡，选择"立方体"，单击"应用"按钮，如图 4-118 所示。成功执行后，对象"3"的所有"面"将会平铺在"纹理 UV 编辑器"内。

04 在"面模式"下，单击选择"纹理 UV 编辑器"内的"面"，"透视视图"将会同步显示被选择的"面"，如图 4-119 所示。

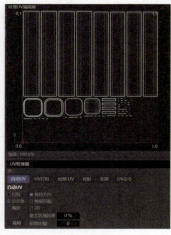

图 4-118

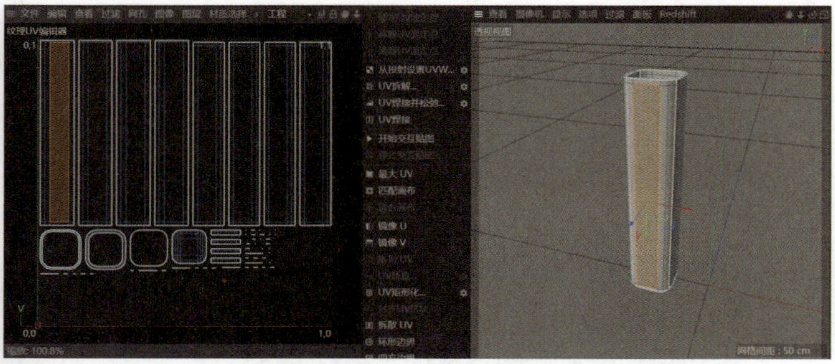

图 4-119

05 在"纹理 UV 编辑器"内执行"菜单 > 文件 > 新建纹理"命令，如图 4-120 所示。

06 选择"新建纹理"，修改名称为"马克笔"，单击"确定"按钮，如图 4-121 所示。

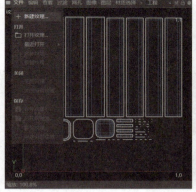
图 4-120

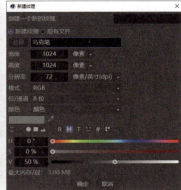
图 4-121

07 选择需要添加贴图的"面"，在"纹理 UV 编辑器"内执行"菜单 > 图层 > 描边多边形"命令，如图 4-122 所示。

08 在"纹理 UV 编辑器"内执行"菜单 > 文件 > 保存纹理"命令，如图 4-123 所示。

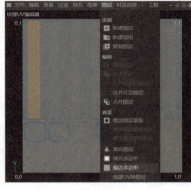
图 4-122

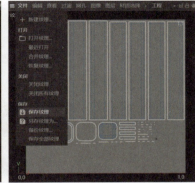
图 4-123

09 在 Photoshop 软件中打开保存好的纹理贴图文件"马克笔 .tif"，并在白色框内写上品牌信息（名称、条形码、Logo 等）。需要注意，文字或图案需全部显示为黑色，如图 4-124 所示。

10 新建图层置于品牌信息图层下面，并填充为白色，如图 4-125 所示。

图 4-124

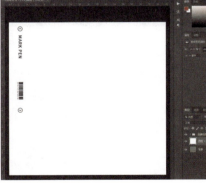
图 4-125

11 保存文件为"马克笔贴图 .tif"，如图 4-126 所示。

图 4-126

12 打开 Cinema 4D，新建"RS 材质"，重命名为"马克笔贴图"，双击进入"RS 着色器"，添加"颜色混合"节点，连接到"RS 材质"节点的"漫反射 > 颜色"端口，如图 4-127 所示。

13 把"马克笔贴图 .tif"文件拖曳进"RS 着色器"面板，连接到"混合量"端口，如图 4-128 所示。

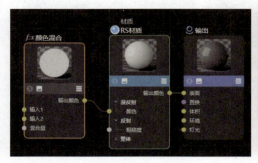

图 4-127

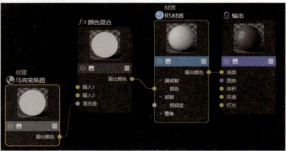

图 4-128

14 单击"颜色混合"节点，把"输入 1"设置为黑色（R/G/B 数值均为 0），如图 4-129 所示。

15 把"马克笔贴图"材质球赋予对象"3"，即可在"RS 渲染视图"中看到材质的显示效果，如图 4-130 所示。

图 4-129

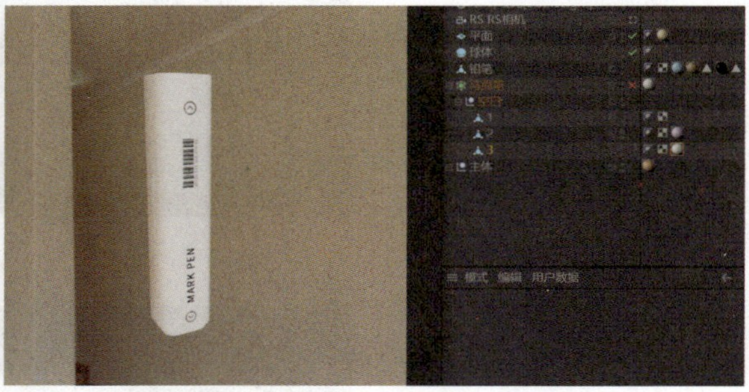

图 4-130

完成 UV 贴图后，取消"视窗独显"模式，复制"马克笔"对象，替换其子级对象 2 的材质颜色，即可获得多根具有同样材质与贴图的马克笔模型，如图 4-131 所示。

同样地，复制多个"铅笔"和"球体"对象，替换其对应的材质颜色，即可让画面更加丰富，如图 4-132 所示。

> **提示**
>
> 当需要制作的文字图案是单色时，可以使用灰度图作为模型的 UV 贴图，实现蒙版的作用。如果需要制作的文字图案是彩色的，也可以保存为彩色图片直接使用。

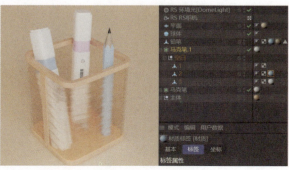

图 4-131

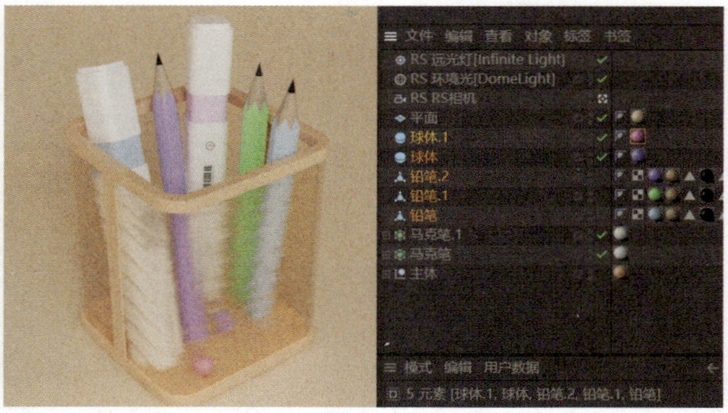

图 4-132

4.5 渲染设置

4.5.1 渲染参数设定

使用快捷键 Ctrl+B 打开"渲染设置"面板，进入 Redshift 选项卡，单击"采样 > 渐进次数"，设置为 300，开启"降噪 > 启用"选项，"引擎"设置为"Altus 单"，如图 4-133 所示。

在"保存"选项卡中勾选"常规图像 > 保存"选项，并在"文件"框内选择保存的位置，"格式"设置为 JPG，如图 4-134 所示。

完成设置后，使用快捷键"Shift+R"渲染到图像查看器，等待渲染完成后便可在文件保存位置获取图片。

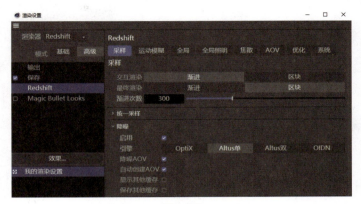

图 4-133

图 4-134

4.5.2 Photoshop 后期合成

把渲染好的"笔筒 .JPG"图片用 Photoshop 打开并进行后期设计，步骤如下。

01 单击"菜单 > 图层 > 新建调整图层 > 色阶"，如图 4-135 所示。

02 单击"色阶"图层，数值设置如图 4-136 所示（读者需要根据画面实际情况去调整数值）。

03 使用"画笔"工具选择笔刷，如图 4-137 所示。

图 4-135

图 4-136

图 4-137

04 新建图层,并使用"画笔"工具画出光影,如图4-138所示。

图4-138

05 使用"文字"工具,写上产品名称"新款透明笔筒"和Transparent penholder,添加"图层样式 > 描边",单击"结构 > 大小",设置为3,颜色为"白色(#ffffff)",如图4-139所示。

06 文本颜色设置为#92643c,如图4-140所示。

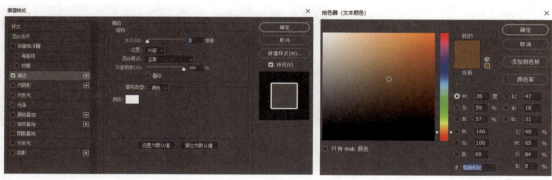

图4-139　　　　　　　　　　　　　图4-140

07 使用"直线"工具,把"填充"设置为"白色(#ffffff)","W"设置为"3像素",如图4-141所示。

08 在画布上绘制直线,如图4-142所示。

09 调整文字大小与直线位置,完成主图排版设计,如图4-143所示。

图4-141

图4-142

图4-143

Cinema 4D
电商设计从入门到精通

第 5 章

直通车图设计与实战：
家具用品

本章介绍了电商直通车图的设计要点与技巧，帮助读者了解直通车图的设计规范。结合项目实操，读者将能够全面掌握直通车图的制作方法。

5.1 直通车图基础构成

5.1.1 直通车图的特点

淘宝直通车是阿里巴巴旗下的一个广告推广平台，用于在淘宝网站上进行商品的付费广告投放和推广。通过淘宝直通车，卖家可以购买广告位，将自己的商品展示在淘宝网站的相关页面上，以增加商品的曝光度和销售量，如图5-1所示。

淘宝直通车的广告形式包括搜索推广和展示推广。搜索推广是指在淘宝网站的搜索结果页面中，通过关键词匹配的方式展示广告，使卖家的商品能够在用户搜索相关关键词时显示在前几位。展示推广是指在淘宝网站的各个页面中，以横幅广告、推荐位等形式展示广告，吸引用户点击进入商品详情页。

图 5-1

卖家可以根据自己的需求和预算，设定广告的投放时间、投放地域和关键词等参数，并根据广告效果进行调整和优化。淘宝直通车提供详细的广告数据报告和分析，卖家可以根据数据来评估广告的效果和投资回报率。

通过淘宝直通车，卖家可以提高商品的曝光度，吸引更多的潜在买家，增加商品的点击量和销售量。直通车是淘宝平台上重要的推广工具之一，可以帮助卖家提升商品的竞争力和市场份额。

直通车图指的就是用于在直通车上投放推广的图片，尺寸为800px×800px，即1:1的比例。直通车图和主图比例一致，商家有时候也会在主图上进行一定的修改，作为直通车图投放到直通车上。需要注意的是，与主图不同，直通车图实际的展示尺寸比主图小，因此图片需要简洁明了，突出产品和卖点，甚至可以不需要文字标题，因此设计师在进行修改或重新设计直通车图的时候，需要注意以下要点。

简洁明了：广告图片应该简洁明了，突出主要信息。避免过多的文字和图像，以免混淆和分散用户的注意力。

引人注目：设计吸引人的视觉元素，例如鲜明的颜色、有趣的图案或引人入胜的图片，以吸引用户的注意力。

产品展示：确保广告图片清晰地展示产品的外观和特点。使用高质量的产品图片，突出产品的优势和卖点。

品牌一致性：保持广告图片与品牌形象的一致性。使用品牌的标志性颜色、字体和风格，以增加品牌识别度和信任感。

重点信息：将重点信息放在广告图片的显著位置，例如折扣、促销活动或特殊优惠。确保这些信息清晰可见，吸引用户点击。

清晰可读的文字：如果广告图片包含文字信息，确保文字清晰可读，字体大小适中。避免使用过小或模糊的字体，避免用户无法阅读。

图片尺寸和比例：根据淘宝直通车的要求，确保广告图片的尺寸和比例符合规定。这样可以避免图片被裁剪或变形。

测试和优化：根据广告效果和用户反馈，不断测试和优化广告图片的设计。尝试不同的布局、颜色和元素组合，以找到最有效的设计。

5.1.2 如何设计直通车图

直通车需要商家持续投入经费,因此图片对于直通车广告效果的重要性不言而喻。与主图不同,直通车图片的更换频率更高,而且往往针对同一款产品,会同时制作不同颜色、角度、风格的图片,然后进行投放测试,最后选出数据最好的图片进行二次投放,以达到最佳的投产比。

以图 5-2 所示的直通车图为例,同样的一款产品图,可以在画面相同的情况下,增加标题文字,这样就可以获得两张直通车图片,通过一轮投放周期后,假设无标题的图片点击率更高,则继续进入下一环节。

图 5-2

替换不同的场景,如图 5-3 所示,再次投放测试,根据反馈的数据便可以知道哪张直通车图更受买家欢迎。

图 5-3

除此之外,我们还可以通过不同角度、不同颜色的设计,来获得更多的投放数据,如图 5-4 和图 5-5 所示。

图 5-4

图 5-5

在保证直通车图片的设计规范基础上,我们可以根据产品的特色自由地进行设计,通过不断调整、测试、反馈和优化,迭代出效果最好的直通车图片。

5.2 新建模型

5.2.1 模型分析

在进行建模前,需要根据产品的特点安排场景设计和构图。

例如,本案例中的产品是一张具有现代特色的新中式椅子,定位在中高端人群,因此在设计上可以往优雅简洁的风格靠拢,比如纯白的家居场景,加上壁灯、木地板等环境烘托氛围,突出椅子的高级感,如图 5-6 所示。

图 5-6

椅子模型大致可以分为两部分,第一部分是金属支架,如图 5-7 所示,需要考虑其形状特点,比如边角的倒角弧度,大小比例等,通过查看产品资料,了解其金属的材质是哪种,是否有磨砂效果;第二部分是软垫,分为靠背和坐垫,如图 5-8 所示,分析其布料特点,尽量还原其色彩与外观。

图 5-7　　　　图 5-8

> **提示**
>
> 在进行三维设计时,需要考虑最终渲染的效果,在无须展示产品内部结构的情况下,无须为其建模。同理,对于一些弧度尺寸等,如没有详细的资料,可以通过三视图进行对照建模即可。
>
> 需要注意的是,建模产品并不能作为直接生产图纸使用,仅供作为效果图展示使用。

5.2.2 椅子建模

椅子支架为半圆形,为了方便建模,可以先制作其未弯曲前的形状,再通过效果器修改模型形状,从而更加直观地进行建模。同时,由于其两边对称的形状,只需要制作其中一边的模型即可,通过"对称"功能可以快速地组合成一张完整的椅子。

01 新建"立方体"对象,在"属性"面板将"尺寸.X"设置为 50cm,"尺寸.Y"设置为 700cm,"尺寸.Z"设置为 30cm,读者需要注意当前对象的坐标轴方向,如图 5-9 所示。

图 5-9

02 对"立方体"对象执行"转为可编辑对象"命令后,在"线模式"下,单击鼠标右键选择"循环/路径切割"工具,在"立方体"上面单击鼠标左键进行切割,然后把"距离"设置为50cm,按回车键(Enter)确认执行,如图 5-10 所示。

图 5-10

03 在"面模式"下,选择切割后的"面",如图 5-11 所示。

04 单击鼠标右键,选择使用"挤压"工具,将"偏移"设置为 500cm,如图 5-12 所示。

05 使用"循环/路径切割"工具,将"距离"设置为50cm后执行命令,如图 5-13 所示。

06 选择切割完成后的"面",如图 5-14 所示。

图 5-11

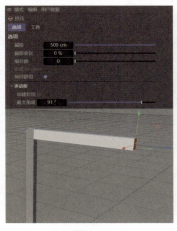

图 5-12

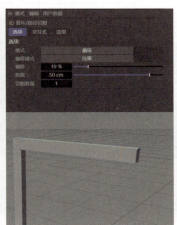

图 5-13

图 5-14

07 使用"挤压"工具,将"偏移"设置为 650cm 后执行命令,如图 5-15 所示。

08 在"线模式"下,全选(快捷键 Ctrl+A)"立方体"对象的线条,如图 5-16 所示。

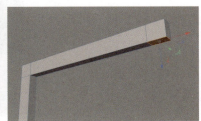

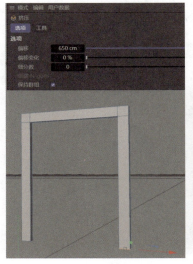

图 5-15

图 5-16

第 5 章 直通车图设计与实战:家具用品 | 073

09 使用"倒角"工具,把"倒角模式"设置为"实体","偏移"设置为10cm后执行命令,如图5-17和图5-18所示。

图5-17　　　　　　　图5-18

10 使用"循环选择"工具,选择图5-19所示的线条后,单击鼠标右键执行"消除"命令,选择剩余的另一圈线条,使用"滑动"工具调整其位置到中心处,如图5-20所示。

图5-19　　　　　　　图5-20

11 使用"循环/路径切割"工具,把"切割数量"设置为10,如图5-21和图5-22所示。

图5-21　　　　　　　图5-22

12 在"模型"模式下,选择"顶部工具栏 > 弯曲"效果器,放置于"立方体"对象的子级,如图5-23所示。

13 单击"弯曲"效果器,在"属性"面板下的"变换"选项中,把R.H设置为90°,R.P设置为-90°;在"对象属性"选项中,将"尺寸"分别修改为550cm、700cm、30cm,"强度"设置为110°,勾选"保持长度"选项,如图5-24和图5-25所示。

图5-23　　　　　　　图5-24　　　　　　　图5-25

14 给"立方体"添加"细分曲面"作为父级对象后,在"顶部工具栏 > 对称"中新建"对称"工具,作为"细分曲面"的父级,然后调整"细分曲面"在"透视视图"中的位置,如图 5-26 所示。

图 5-26

至此,支架部分模型已完成大部分的制作,余下中间支架部分需要根据软垫的具体大小进行设计,因此先制作软垫的模型。

5.2.3 软垫建模

01 新建"圆柱体"对象,把"半径"设置为 297cm,"高度"设置为 60cm,"高度分段"设置为 1,调整其位置到支架中间,如图 5-27 和图 5-28 所示。

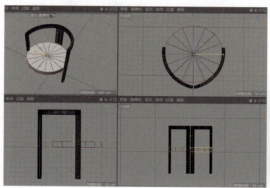

图 5-27

图 5-28

02 对"圆柱体"对象执行"转为可编辑对象"命令后,在"点模式"下选择超出支架范围的点,需要留意在"四视图"中是否选择了正确的点,然后使用 Delete 键进行删除,如图 5-29 所示。

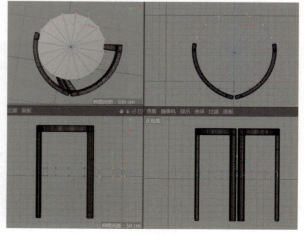

图 5-29

03 在"线模式"下,选择图 5-30 所示的"线",单击鼠标右键,执行"消除"命令。

04 在"点模式"下,使用"移动"工具调整点的位置,使其与支架尽量贴近,如图 5-31 所示。

图 5-30   图 5-31

05 单击鼠标右键,执行"封闭多边形孔洞"命令,完成封闭后,使用"线性切割"工具在封闭好的"面"上进行切割,注意切割的线需要在"点"与"点"之间进行,如图 5-32 所示。

06 在"线模式"下,使用"循环选择"工具,选择模型的顶部和底部封盖的线圈,以及截面处的矩形面的线框,如图 5-33 所示。

图 5-32   图 5-33

07 使用"倒角"工具,把"倒角模式"设置为"实体","偏移"设置为 24cm,"拓扑 > 斜角"设置为"均匀",然后执行"倒角"命令,如图 5-34 和图 5-35 所示。

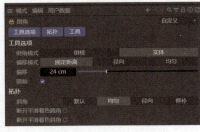 

图 5-34   图 5-35

08 新建"细分曲面"为"圆柱体"的父级对象,如图 5-36 所示。

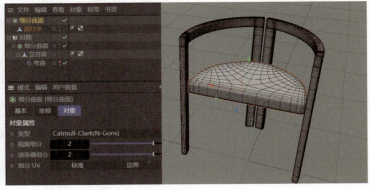

图 5-36

至此，坐垫部分制作完成，接下来制作剩余的支架部分模型。

01 复制"细分曲面"对象（坐垫），关闭"细分曲面"显示效果，在"点模式"下，使用"框选工具"选择坐垫的点，注意在"右视图"中观察是否选择正确，然后使用 Delete 键删除图 5-37 所示的点。

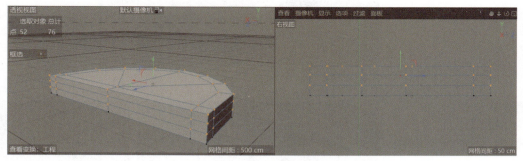

图 5-37

02 在"面模式"下，选择好"面"并删除，如图 5-38 所示。

图 5-38

03 选择所有"面"，使用"挤压"工具，把"偏移"设置为 20cm，把"创建封顶"选项勾选上，如图 5-39 和图 5-40 所示。

图 5-39

图 5-40

04 在"线模式"下，使用"循环选择"工具选择边，如图 5-41 所示。

图 5-41

05 使用"倒角"工具，把"倒角模式"设置为"实体"，"偏移"设置为 6cm，如图 5-42 和图 5-43 所示。

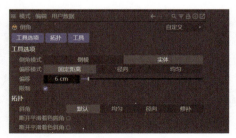

图 5-42

图 5-43

06 使用"循环/路径切割"工具,在图 5-44 所示位置中,进行 4 次切割。

图 5-44

07 继续使用"循环/路径切割"工具,把"切割数量"设置为 2,对模型的内圈面进行切割,如图 5-45 和图 5-46 所示。

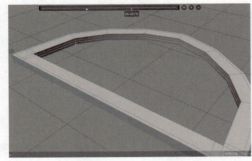

图 5-45　　　　　　　　　　　图 5-46

08 打开"细分曲面"效果,完成支架模型的制作,如图 5-47 和图 5-48 所示。

图 5-47　　　　　　　　　　　图 5-48

接下来制作靠背软垫部分,步骤如下。

01 新建"立方体"对象,把"尺寸.X"设置为 345cm,"尺寸.Y"设置为 170cm,"尺寸.Z"设置为 25cm,"分段 X"设置为 10,如图 5-49 所示。

02 对"立方体"对象执行"转为可编辑对象"命令后,在"线模式"下使用"循环选择"工具选择图 5-50 所示的线圈。

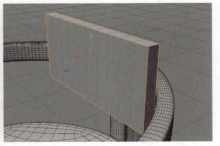

图 5-49　　　　　　　　　　　图 5-50

03 使用"倒角"工具,把"倒角模式"设置为"实体","偏移"设置为10cm后执行"倒角"命令,如图5-51和图5-52所示。

04 使用"循环选择"工具,选择图5-53所示的线圈并执行"消除"命令。

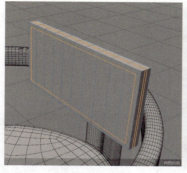  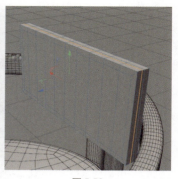

图5-51　　　　　　　　　图5-52　　　　　　　　　图5-53

05 新建"弯曲"效果器作为"立方体"对象的子级,在"属性"面板下的"变换"选项中,把R.H设置为90°,R.P设置为-90°。在"对象属性"选项中,把"尺寸"分别修改为400cm、500cm、200cm,"强度"设置为120°,把"保存长度"选项勾选上,如图5-54和图5-55所示。

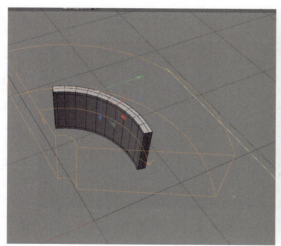 

图5-54　　　　　　　　　　　　　　　图5-55

06 选择"立方体"对象,使用"移动"和"旋转"工具,调整其位置和角度,使其尽量贴合支架弧度,如图5-56和图5-57所示。

 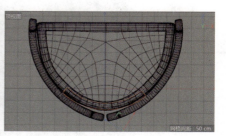

图5-56　　　　　　　　　　图5-57

07 新建"细分曲面"作为"立方体"的父级,并把"视窗细分"和"渲染器细分"均设置为3,使模型更加平滑,如图 5-58 和图 5-59 所示。

08 完成模型制作后,给对应的模型进行重命名,并把"软垫"和"支架"的模型进行分组,方便后续添加材质,所有对象统一放在"椅子"群组下面,如图 5-60 所示。

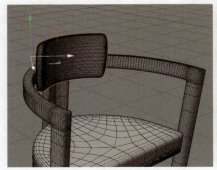  

图 5-58　　　　　　　　　　图 5-59　　　　　　　　　　图 5-60

读者可以在"透视视图"上观察模型外观是否符合产品要求来进行微调,比如把"弯曲"效果器的"尺寸"设置为 570cm、580cm、52cm,把"强度"设置为 101°,支架的整体弧度会有所变化。可以根据不同情况进行调整以达到满意的效果,如图 5-61 所示。

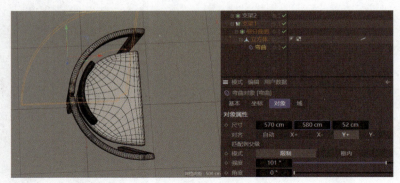

图 5-61

在"四视图"中观察确认各模型之间的间隙距离是否适合,仔细调整其位置,确保模型的准确性和美观度,如图 5-62 所示。

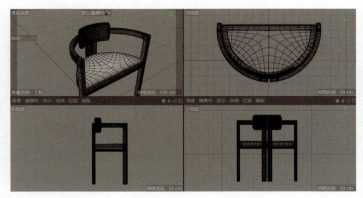

图 5-62

5.2.4 布置场景

根据之前在模型分析章节中提到的风格设想,接下来开始布置场景。

01 新建"平面"对象,把"宽度"设置为5000cm,"高度"设置为3000cm,"宽度分段"和"高度分段"均设置为1,如图5-63所示。

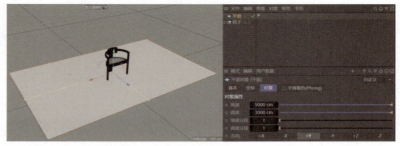

图 5-63

02 复制"平面"对象,把"方向"设置为+Z,放置于椅子背后,如图5-64所示。

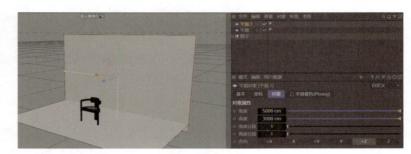

图 5-64

03 新建"圆柱体"对象,把"半径"设置为120cm,"高度"设置为2000cm,"高度分段"设置为1,如图5-65所示。

图 5-65

04 对"圆柱体"对象执行"转为可编辑对象"命令后,在"点模式"下使用"框选"工具,框选顶部和底部的点并删除,如图5-66所示。

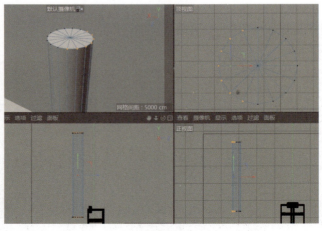

图 5-66

05 在"线模式"下,使用"循环选择"工具选择好线条,如图 5-67 所示。

06 按住 Ctrl 键 + 鼠标左键,拖动线圈,如图 5-68 所示。

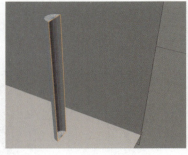
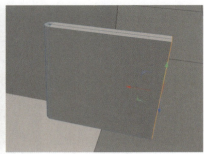

图 5-67　　　　　　图 5-68

07 调整"圆柱体"对象的位置,注意与背景墙之间的空隙距离,如图 5-69 所示。

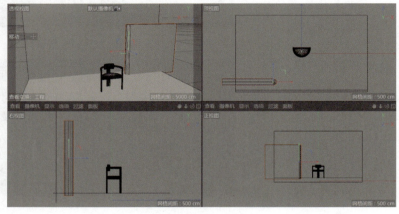

图 5-69

5.2.5 摄像机与视图

建模完毕后,可以单击 Cinema 4D 顶部的界面选项卡 Redshift,切换软件界面,如图 5-70 所示。

图 5-70

执行"菜单 > 渲染 > 编辑渲染设置"命令,在"渲染设置"面板中把"渲染器"设置为 Redshift,在右侧"输出"选项中,把"宽度"和"高度"均设置为 800 像素,如图 5-71 所示。

执行"菜单 >Redshift> 相机 > 标准"命令,添加"RS 相机"对象并单击右侧图标开启摄像机,在"属性"面板中单击"对象"选项卡,把"焦距(mm)"设置为 80,如图 5-72 所示。

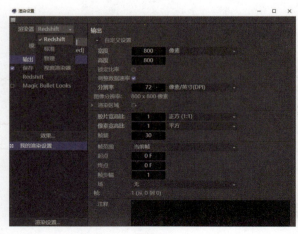
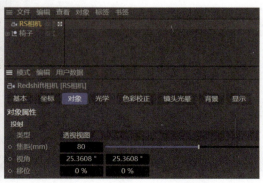

图 5-71　　　　　　图 5-72

5.3 灯光设计

5.3.1 区域光

区域光是 Cinema 4D 中最常使用的灯光对象，通过调节灯光形状、大小、强度、色温等参数，可以模拟日常生活中的各种灯光效果。

在本案例的场景灯光设计中，我们使用 Redshift 渲染器的"RS 区域光"来模拟墙壁中的灯光。

01 单击"菜单 >Redshift> 灯光 > 区域光"新建"RS 区域光"对象，如图 5-73 所示。

02 在"属性"面板中，单击"坐标"选项卡，把 R.H 设置为 –90°，如图 5-74 所示。

图 5-73

图 5-74

03 单击"对象"选项卡，把"形状 > 尺寸 Y"设置为 1500cm，使用"移动"工具把"区域光"对象移动到背景墙和圆柱体之间的缝隙中，如图 5-75 所示。

单击"菜单 >Redshift>RS 渲染视图"，在预览窗口中即可看到如图 5-76 所示的灯光效果。

图 5-75

图 5-76

04 把"强度"设置为 20，"模式"设置为色温，"色温（K）"设置为 3200，如图 5-77 所示。在预览窗口中即可看到图 5-78 所示的橙黄色灯光效果。

图 5-77

图 5-78

> **提示**
>
> 区域光属性中的"色温"是表示光线中包含颜色成分的一个计量单位。从理论上说,黑体温度指绝对黑体从绝对零度(-273℃)开始加温后所呈现的颜色。黑体在受热后,逐渐由黑变红,转黄,发白,最后发出蓝色光。当加热到一定的温度,黑体发出的光所含的光谱成分,就称为这一温度下的色温,计量单位为"K"(开尔文)。
>
> 日常生活中常见的日光大约在 5200~5500K,普通灯泡光的色温大约在 2800K,因此读者在 Cinema 4D 中模拟灯光时,可以参考该类型灯光的色温数值来进行创作。

5.3.2 自然光与阴影效果

在预览窗口中,场景光源单一,整体偏暗,因此还需要增加用来模拟太阳光的"无限光"对象。

单击"菜单 >Redshift> 灯光 > 无限光"新建"RS无限光"对象,在"属性"面板中,单击"坐标"选项卡,把 R.H 设置为 -135°,R.P 设置为 -16°,R.B 设置为 70°,如图 5-79 所示。

单击"对象"选项卡,把"类型"设置为"物理阳光","日盘比例"设置为 10,"饱和度"设置为 0,如图 5-80 所示。

在预览窗口中可以看到太阳光的效果,如图 5-81 所示。"饱和度"设置为 0 后,太阳光将不具备任何色彩倾向性,有助于后续观察材质的真实颜色。

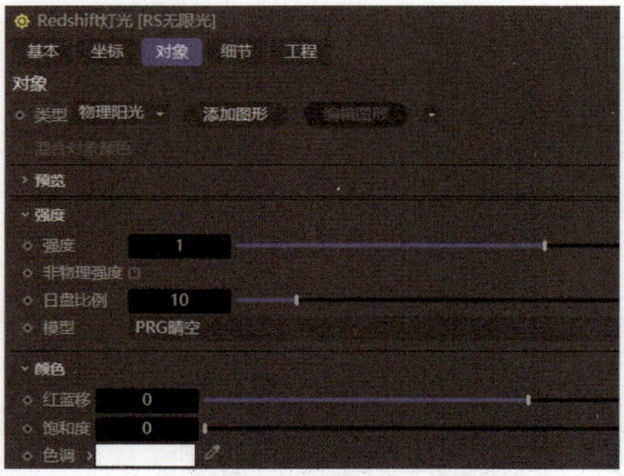

图 5-81

在场景中,背对光源的模型表面较为黑暗,因此我们还需要添加一个全局光照,防止画面局部太暗。

单击"菜单 >Redshift> 灯光 > 穹顶光"新建"RS穹顶光"对象,在"属性"面板中,单击"对象"选项卡,把"强度"设置为 0.5,"饱和度"设置为 0,在"纹理"中加载素材"室内2_4k.hdr",如图 5-82 所示。

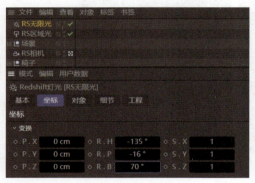

图 5-79

图 5-80

图 5-82

5.3.3 调整参数

完成基础的灯光与场景搭建后，我们需要综合产品、摄像机、各种灯光对象来进行微调，以达到满意的视觉效果。

单击"椅子"对象，在"坐标"选项卡中把 R.H 设置为 25°，如图 5-83 所示。

把场景中的"平面"和"平面 .1"对象分别重命名为"地面"和"背景墙"，并和"圆柱体"对象群组成"场景"，如图 5-84 所示。

图 5-83

图 5-84

单击"RS 无限光"，在"属性"面板中单击"工程"选项卡，长按鼠标左键把"背景墙"对象拖曳进"对象"框内，如图 5-85 所示。

通过上述操作，可以在无限光的照射对象中排除"背景墙"，在预览窗口中可以看到，此时"背景墙"将不受太阳光源影响。

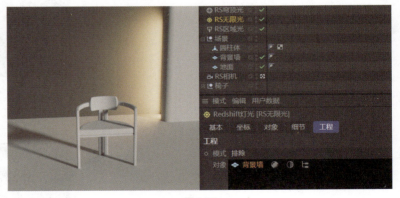

图 5-85

复制"RS 无限光"对象并重命名为"RS 无限光（背景）"，在"属性"面板的"对象"选项卡中把"强度"设置为"0.1"，如图 5-86 所示。

在"工程"选项卡中，把"模式"设置为"包含"，如图 5-87 所示。

此时，当前光源影响对象仅包括"背景墙"。

图 5-86

图 5-87

如图 5-88 所示，通过调整两个无限光的照射对象，让背景墙享受独立的灯光控制，使其亮度区别于前景，并且不再受前面墙体的投影影响，同时让壁灯的淡化效果更好，有效地提升了画面的层次感。

图 5-88

5.4 材质设置

5.4.1 场景材质

单击"菜单 >Redshift> 材质 > 材质 > 材质"新建"RS 材质"，并重命名为"墙体"，赋予"场景"对象；在"材质管理器"中，对"墙体"材质球双击鼠标左键，打开"RS 着色器"，在"基底属性"选项卡中，把"漫反射 > 颜色"设置为 R：232，G：225，B：217，如图 5-89 所示。

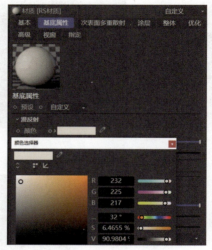

图 5-89

把"反射 > 粗糙度"设置为 0.4，如图 5-90 所示。

图 5-90

当我们需要在 Cinema 4D 中模拟不同的材质效果时，比如木纹、花纹、石头等，就需要从外部引入材质贴图，这是一组用来模拟砖墙表面的材质贴图，包含漫射、置换、法线、粗糙度等图片，通过连接到 Cinema 4D 内材质球的不同端口，即可让材质球模拟出逼真的砖墙纹理效果，如图 5-91 所示。

图 5-91

在当前场景中，我们需要模拟出木地板的材质，步骤如下。

01 新建"RS 材质"并重命名为"木地板"，赋予"地面"对象；在"材质管理器"中，对"木地板"材质球双击鼠标左键，打开"RS 着色器"，把贴图"wood_DIF.png"拖放进来，连接至"RS 材质"节点的"漫反射＞颜色"端口，如图 5-92 所示。

02 搜索"凹凸贴图"节点，并拖曳至"着色器图表"中，连接到"RS 材质"节点的"整体＞凹凸贴图"端口，如图 5-93 所示。

图 5-92

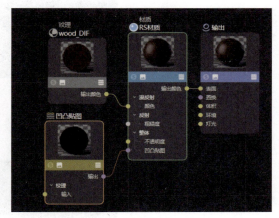

图 5-93

03 单击"凹凸贴图"节点，在"输入"选项卡中把"输入贴图类型"设置为"相切空间法线"，如图 5-94 所示。

04 把贴图"wood_NRM.png"拖放进来，连接至"凹凸贴图"节点的"纹理＞输入"端口，如图 5-95 所示。

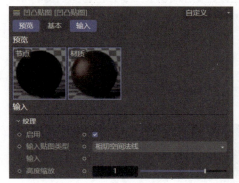

图 5-94

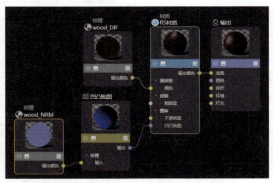

图 5-95

05 单击贴图 wood_NRM.png，在"常规"选项卡内，把"颜色空间"设置为 Raw，如图 5-96 所示。

图 5-96

06 把贴图"wood_RGH.png"拖放进来，连接至"RS材质"节点"反射>粗糙度"端口，如图5-97所示。

07 调整摄像机视角，在预览窗口中可以看到木地板的材质效果已经出现，如图5-98所示。

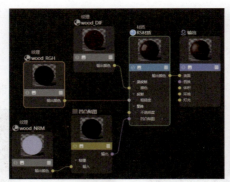

图5-97　　　　　　　　　图5-98

08 在"对象"面板中，单击"木地板"材质球，在"属性"面板的"标签"选项卡中把"长度U"和"长度V"均设置为"50%"，如图5-99所示，木地板整体纹理被缩放，大小比例更符合当前场景的要求。

图5-99

09 新建"颜色校正"节点并拖曳到"着色器图表"中，在"输入"选项卡中把"伽马"设置为"2.2"；把贴图"wood_DIF"节点的"输出颜色"端口连接至"颜色校正"节点的"输入"端口，然后把"颜色校正"节点的"输出颜色"端口连接至"RS材质"节点的"漫反射>颜色"端口，如图5-100所示。在预览窗口中可以看到木地板的颜色变浅了，如图5-101所示。

图5-100　　　　　　　　　图5-101

提示

　　贴图的分辨率会影响渲染效果，常见的贴图分辨率有2K、4K、8K。尺寸越大，文件体积越大，效果也越清晰，同时工程文件体积也越大，渲染时间更长。

　　读者可以根据实际需求选择使用其中一张或多张分辨率适当的贴图，在当前案例中，木地板并非视觉主体，使用法线贴图模拟凹凸的视觉效果即可。

5.4.2 金属支架材质

一些常见的材质，如金、银、铁、牛奶、纸、塑料等，直接使用 Redshift 渲染器的预设材质效果，可以有效地节约时间，提高工作效率。

新建"材质"并重命名为"铁"，赋予"支架"对象；双击鼠标左键进入"RS 着色器"，在"基底属性"选项卡中，把"预设"设置为"铁"，把"反射 > 反射率"设置为 R：68，G：68，B：68，如图 5-102 所示。

在预设中已经自动设置好材质的"粗糙度"为 0.45，因此在预览窗口中可以看到铁支架在反射周边环境光源时带有磨砂的材质视觉效果，如图 5-103 所示。

图 5-102

图 5-103

5.4.3 软垫材质

01 新建"RS 材质"，并重命名为"软垫"，赋予"软垫"对象；在"材质管理器"中，对"软垫"材质球双击鼠标左键，打开"RS 着色器"，在"基底属性"选项卡中，把"漫反射 > 颜色"设置为 R：255，G：126，B：69，如图 5-104 所示。

02 搜索"凹凸贴图"节点，并拖曳至"着色器图表"中，连接到"材质"节点的"整体 > 凹凸贴图"端口；在"输入"选项卡中把"输入贴图类型"设置为"相切空间法线"，如图 5-105 所示。

03 把贴图"gird_NRM.png"拖放进来，连接至"凹凸贴图"节点的"纹理 > 输入"端口，在"常规"选项卡内，把"颜色空间"设置为 Raw，如图 5-106 所示。

图 5-104

图 5-105

图 5-106

04 在"对象"面板中单击"软垫"材质球,在"属性"面板的"标签"选项卡中,把"投射"设置为"立方体","长度U"和"长度V"均设置为500%,拉近摄像机,可以看到软垫的表面有格子纹理的凹凸感,可以满足产品细节图片的需要,如图5-107所示。

图 5-107

5.5 渲染设置

5.5.1 渲染

复制"椅子"对象并重命名为"椅子2",在视图中调整其位置和旋转方向,如图5-108所示。

根据实际情况,可选择进入"木地板"材质球的"RS着色器"中,把"反射 > 权重"设置为0.3~0.5,如图5-109所示,可以降低地面的反射强度,避免反光效果太过强烈影响画面美观。

使用快捷键Ctrl+B打开渲染设置面板,进入Redshift选项卡,把"采样 > 渐进次数"设置为300,开启"降噪 > 启用"选项,"引擎"设置为"Altus单",如图5-110所示。

在"保存"选项卡中勾选"常规图像 > 保存"选项,并在"文件"框内选择保存的位置,"格式"设置为JPG,如图5-111所示。

图 5-108

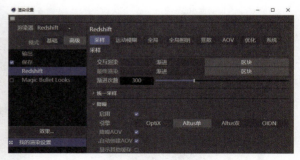

图 5-110

图 5-109

图 5-111

完成设置后，使用快捷键"Shift+R"渲染到图像查看器，等待渲染完成后便可在文件保存位置获取图片，如图5-112所示。

除了当前场景的渲染，还可以继续调整摄像机视角，如图5-113所示，把"椅子2"对象作为画面主体进行渲染。读者需要注意，不同的摄像机视角会让画面的光影效果产生变化，因此在变换摄像机视角的同时，要根据画面实际效果调整各种光源。

通过调整"软垫"材质球的漫射颜色，继续渲染不同颜色的椅子效果图，如图5-114所示。

图 5-112

图 5-113

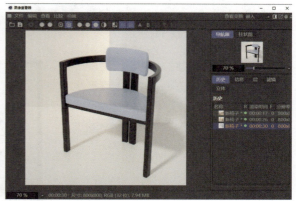

图 5-114

以此类推，同一个项目文件通过调整材质、光线、角度就可以快速获得多张图片，有助于提高直通车平台测图的效率。

5.5.2　Photoshop 后期合成

使用 Photoshop 把渲染好的"椅子渲染图 .jpg"打开后，执行"菜单 > 图层 > 新建调整图层 > 色阶"命令，把"调整阴影输入色阶"设置为 18，如图 5-115 所示。

读者可以根据渲染图实际画面的明暗效果进行调整，数值仅供参考。

图 5-115

第 5 章　直通车图设计与实战：家具用品　｜　091

01 使用"文字工具"分别输入"中式美学"和"现代设计"字样,并把"字体"设置为仿宋,"字间距"设置为500,"颜色"设置为#ffffff(白色),如图5-116所示。

02 使用鼠标左键分别双击两个文字图层,进入"图层样式"面板,勾选"投影"选项,把"角度"设置为121°,"距离"设置为7,"扩展"设置为5,"大小"设置为9,如图5-117所示。

图5-116

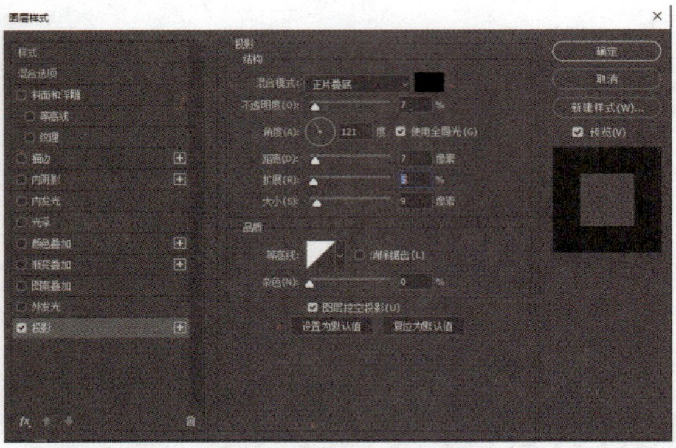

图5-117

03 使用"椭圆工具",按住Shift键+鼠标左键,在画布中绘制圆形线框,并把"描边大小"设置为3像素,"颜色"设置为#ffffff(白色),如图5-118所示。

图5-118

最后,直通车图片设计完成,效果如图5-119所示。

读者可以根据实际需要,继续把本项目中其他角度的渲染效果图进行调色或加入文字。

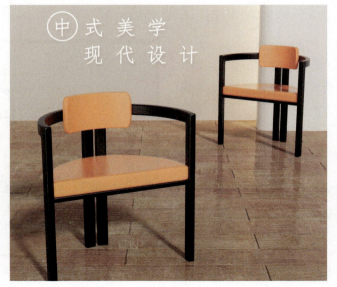

图5-119

Cinema 4D
电商设计从入门到精通

第 6 章

钻展图设计与实战：
炫酷机械键盘

本章通过对钻展图片的设计分析，帮助读者了解钻展图在电商行业中的应用。通过实践案例，读者将充分掌握规范的钻展图片制作方法。

6.1 钻展图基础构成

6.1.1 钻展图特点

钻展图是指在淘宝平台上进行钻石展位广告投放的图片,是直通车广告中的高级形式。

钻展和直通车的区别在于直通车以搜索为主,而钻展不需要搜索就可以展现,另外直通车的展现由权重决定,而钻展本身没有权重,靠竞价投放来获取产品的展示机会。

在设计钻展图时,需要注意以下几点。

大尺寸展示:钻展图相对于普通直通车广告图片来说尺寸更大,通常是横幅形式的广告,能够在淘宝页面上更显眼地展示。

品牌展示:钻展图可以更好地展示品牌形象和特点,通过品牌的标志、颜色、字体等元素来提升品牌识别度和用户信任感。

高曝光度:钻展广告通常会在淘宝平台的热门位置展示,例如首页和频道页等,因此具有更高的曝光度。这使得广告能够更广泛地被用户看到,增加品牌和产品的知名度。

数据驱动优化:钻展图的效果可以通过数据分析进行评估和优化。可以根据广告效果和用户反馈,不断测试和优化钻展图的设计和创意。

灵活性:钻展图的投放位置包括天猫首页、淘宝首页、淘宝旺旺、站外门户、站外社区、无线淘宝等,对应的钻展尺寸更是高达数十种,不同的钻展位置由于针对人群不同,其消费特征和兴趣点也各不相同,因此我们在制作钻展图片时,要根据位置、尺寸等信息调整以迎合广告诉求,并采取合适的表达方式。

6.1.2 如何设计钻展图

钻展图形式多样,尺寸也各不相同,以常见的 PC 端首页焦点图为例,投放的钻展图片设计尺寸为 520px×280px,如图 6-1 所示的红色区域。

在移动端投放钻展图时,图片的设计尺寸比例为 17∶25,如图 6-2 所示。

图 6-1

图 6-2

受限于移动设备的屏幕大小，投放钻展图时应考虑以下几点。

<u>简洁明了</u>：移动设备的屏幕相对较小，因此钻展图设计应该简洁明了，避免过多的文字和图像，导致混淆和分散用户的注意力。

<u>字体和字号</u>：选择易于阅读的字体和适当的字号，以确保钻展图上的文字清晰可见，不会因为屏幕尺寸而导致模糊或难以辨认。

<u>快速传达信息</u>：移动用户通常会快速浏览内容，因此钻展图需要能够迅速传达核心信息，吸引用户停留和点击。

<u>品牌一致性</u>：保持钻展图与品牌形象的一致性，使用品牌的标志性颜色、字体和风格，以增加品牌识别度和用户信任感。

6.2 新建模型

6.2.1 模型分析

在本案例中，我们将以机械小键盘的模型作为主体产品来设计钻展图，因此在对产品进行建模前，需要充分了解其各项尺寸大小。特别是键盘上的键帽，需要根据其比例在键盘上进行区域划分。

产品模型的尺寸比例，在后续建模时用于参考，如图6-3所示。图片所标尺寸为相对比例，并非产品实际尺寸，在 Cinema 4D 中，可以根据比例在不同尺寸单位之间进行转换。

在本案例中，涉及混合材质以及发光材质的运用，读者需要多加留意材质节点的层级和连接关系。

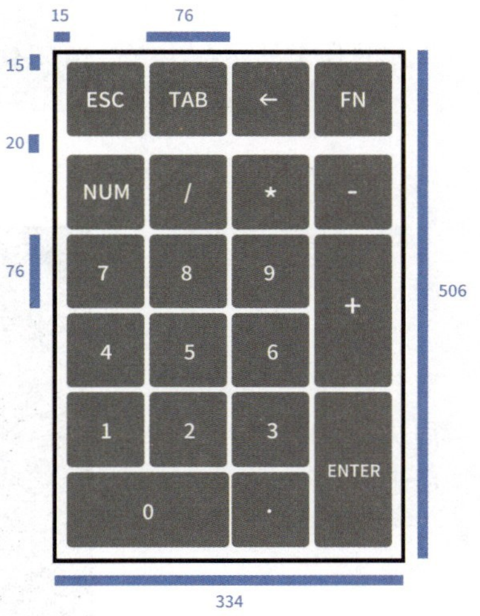

图 6-3

6.2.2 开始建模

根据产品尺寸图的比例开始制作模型，模型分为两部分：键盘底座和键帽，我们首先根据以下步骤制作键盘底座。

1. 键盘底座

01 新建"立方体"对象，在"属性"面板把"尺寸.X""尺寸.Y""尺寸.Z"分别设置为 334cm、30cm、506cm，如图6-4所示。

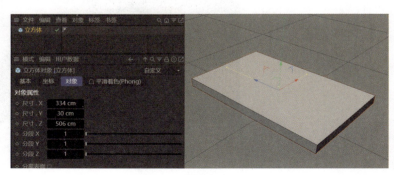

图 6-4

02 对"立方体"对象执行"转为可编辑对象"命令后,使用"循环/路径切割"工具,对上下两边进行循环切割,把"距离"设置为15cm,勾选"镜像切割"后执行操作,如图6-5所示。

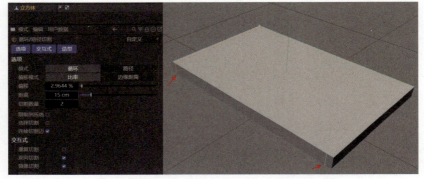

图6-5

03 继续重复执行步骤2的操作,对左右两边进行循环切割,如图6-6所示。

04 切割完成后,效果如图6-7所示。

图6-6   图6-7

05 继续使用"循环/路径切割"工具,把"距离"设置为76cm,取消勾选"镜像切割"后执行操作,如图6-8所示。

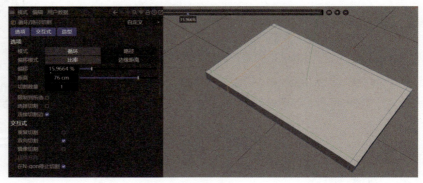

图6-8

06 把"距离"设置为20cm后执行操作,如图6-9所示。

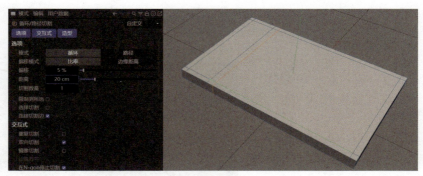

图6-9

07 把"切割数量"设置为4,执行操作,如图6-10所示。

08 把"切割数量"设置为3,执行操作,如图6-11所示。

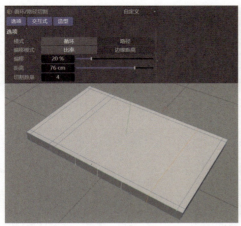
图6-10

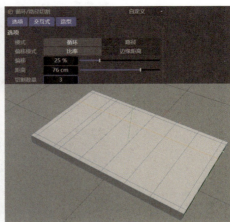
图6-11

09 在"面模式"下选择其中一个切割完成后的正方形"面",在"坐标"面板中看到X和Z的尺寸均为76cm,则表示切割正确,如图6-12所示。

10 使用"选择"工具,选择图6-13所示的"面"。

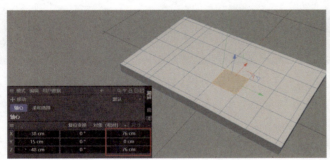
图6-12

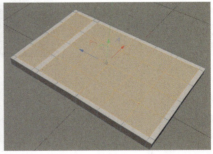
图6-13

11 使用"嵌入"工具,把"偏移"设置为2cm,取消勾选"保持群组",执行操作,如图6-14所示。

12 使用"挤压"工具,把"偏移"设置为-8cm,执行操作,如图6-15所示。

图6-14

图6-15

(13) 执行"菜单>选择>储存选集"命令,把当前选择的"面"储存为选集以便后续添加材质使用,如图6-16所示。

(14) 使用"循环选择"工具,选择键盘底座的外圈"面",如图6-17所示。

图6-16

图6-17

(15) 使用"嵌入"工具,把"偏移"设置为3cm,勾选"保持群组"后执行操作,如图6-18所示。

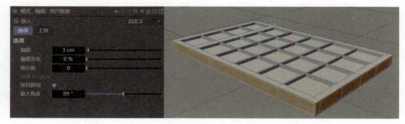
图6-18

(16) 使用"倒角"工具,把"偏移"设置为2.5cm,执行操作,如图6-19所示。

图6-19

(17) 在"点模式"下,使用"框选"工具,在"右视图"中选择底部的所有"点",如图6-20所示。

(18) 使用"旋转"工具,对选择的"点"旋转-1°至-2°,如图6-21所示。

图6-20

图6-21

(19) 把"立方体"对象重命名为"键盘底座",键盘底座模型就完成了,如图6-22所示。

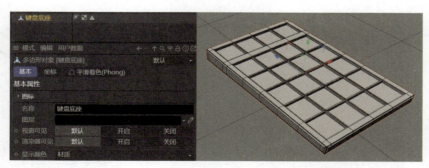
图6-22

2. 键帽模型

接下来制作键帽模型,步骤如下。

01 新建"立方体"对象并重命名为"键帽",在"属性"面板中,将"尺寸.X""尺寸.Y""尺寸.Z"分别设置为72cm、35cm、72cm,如图6-23所示。

02 对"键帽"对象执行"转为可编辑对象"命令;在"面模式"下选择顶部的"面",使用"缩放工具"缩放至85%,如图6-24所示。

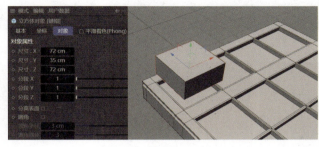
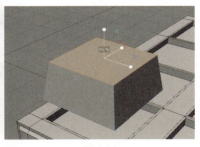

图6-23　　　　　　　　　　　　图6-24

03 使用"循环/路径切割"工具,把"偏移"设置为"50%"后执行操作,如图6-25所示。

04 重复步骤3的操作,对模型进行十字切割,如图6-26所示。

05 在"线模式"下,选择模型上面Z轴的两根"线",按住鼠标左键往下拖动坐标轴的Y轴1.6~2.6cm,如图6-27所示。

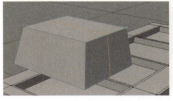 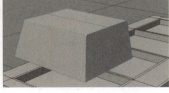 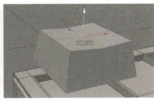

图6-25　　　　　　　图6-26　　　　　　　图6-27

06 使用"循环选择"工具选择图6-28所示的线圈,注意在"顶视图"和"透视图"中检查是否选择正确。

07 使用"倒角"工具,把"倒角模式"设置为"实体","偏移"设置为7cm,执行操作,如图6-29所示。

08 完成"倒角"后的布线,如图6-30所示。

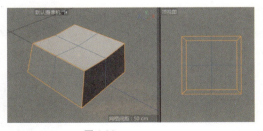

图6-28

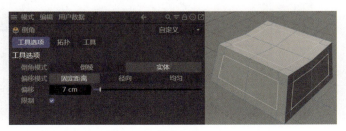
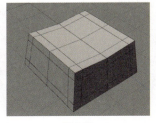

图6-29　　　　　　　　　　　　图6-30

09 新建"克隆"作为"键帽"对象的父级,在"属性"面板中,把"数量"分别设置为4、1、6,"尺寸"均设置为76cm。在视图中把"克隆"对象对齐键盘所在的位置,如图6-31所示。

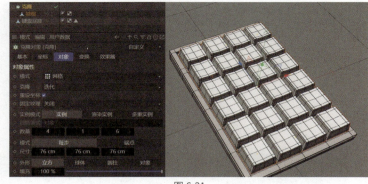

图 6-31

10 单击选择"克隆"对象,执行"转为可编辑对象"命令后,生成共计24个"键帽"对象,如图6-32所示。

11 把4个"键帽"对象移动对齐到键盘底座的凹陷位置,如图6-33所示。

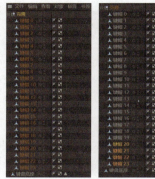 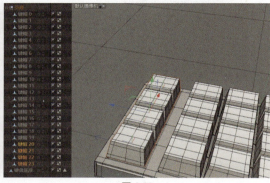

图 6-32   图 6-33

12 选择并删除图6-34所示位置上的"键帽"对象。

图 6-34

13 选择右下角的"键帽"对象,在"点模式"下调整"点"的位置,通过视图调整对齐,使其长度为方形"键帽"的两倍,如图6-35所示。

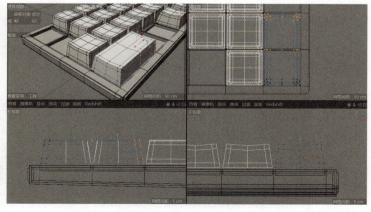

图 6-35

14 调整完成后,重命名为"长键帽",如图6-36所示。

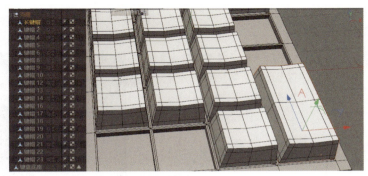

图6-36

15 复制2个"长键帽"对象,并放置在对应的键盘底座凹陷位置上,在视图中仔细观察各"键帽"是否对齐,如图6-37所示。

16 选择"克隆"对象及其所有子级对象,如图6-38所示。然后单击鼠标右键执行"连接对象+删除"命令。

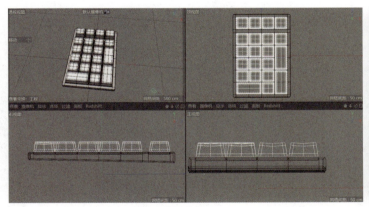

图6-37　　　　　　　　　图6-38

17 把合并后的对象重命名为"键帽";新建"细分曲面"作为"键帽"的父级对象,如图6-39所示。

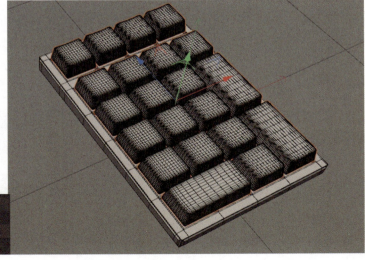

图6-39

至此,键盘和键帽的模型制作完毕。

第6章　钻展图设计与实战:炫酷机械键盘 | 101

6.2.3 场景设计

01 新建"立方体"对象并重命名为"背景",在"属性"面板中把"尺寸.X""尺寸.Y""尺寸.Z"均设置为2000cm,如图6-40所示。

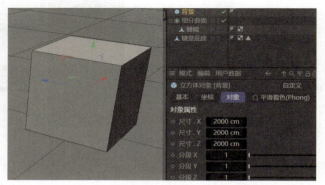

图 6-40

02 执行"转为可编辑对象"命令后,在"面模式"下选择图6-41所示的3个"面"。

03 按Delete键删除选择的3个"面",如图6-42所示。

04 选择剩余的3个"面",单击鼠标右键选择执行"反转法线"命令,当全部"面"变成"橙黄色"即表示操作成功,如图6-43所示。

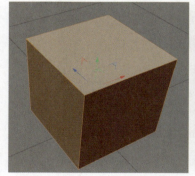 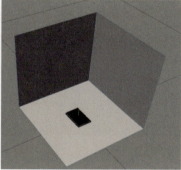 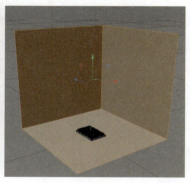

图 6-41　　　　　　　　图 6-42　　　　　　　　图 6-43

05 使用"循环/路径切割"工具,在图6-44所示的位置进行切割。

06 在"面模式"下,选择切割完成的"面",单击执行"菜单>选择>储存选集"命令,如图6-45所示。

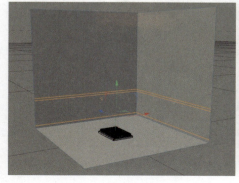 

图 6-44　　　　　　　　图 6-45

6.2.4 摄像机与视图

在本案例中制作的钻展图尺寸为 520px×280px，在进行渲染设置中增加 4 倍的输出尺寸，可以让图片更加清晰，方便后期调整。

单击"菜单 > 渲染 > 编辑渲染设置"，在"渲染设置"面板中把"渲染器"设置为 Redshift，在右侧"输出"选项中，把"宽度"设置为 2080 像素，"高度"设置为 1120 像素，如图 6-46 所示。

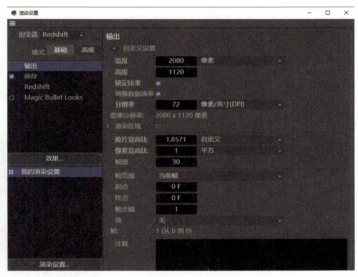

图 6-46

执行"菜单 >Redshift> 相机 > 标准"命令，添加"RS 相机"对象并单击右侧图标开启摄像机，如图 6-47 所示。

把"细分曲面"和"键盘底座"两个对象进行群组（快捷键 Alt+G）并重命名为"键盘"；配合摄像机视角调整"键盘"的旋转角度，使其居于画面的左边，如图 6-48 所示。

图 6-47

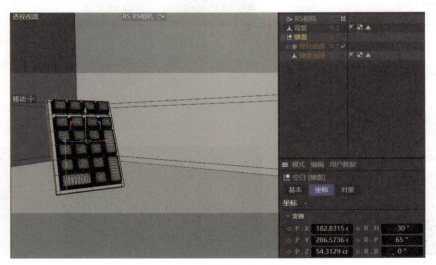

图 6-48

6.3 灯光设计

6.3.1 边缘光设计

在场景布光中，来自不同方位、不同强度的灯光都有其不同的作用。比如，主光指的是用于照亮主体，通常来说是最亮的光源，可以用于创建明暗对比和塑造物体的形状。除此之外，还有背光、顶光、辅助光、侧光和边缘光等光源名称。

在本案例中，键盘的外观和场景均为黑色，不能明显地突出产品的外观造型，因此我们将运用"边缘光"的技巧，来让产品的边缘区分于场景。

边缘光又名轮廓光，是指在摄影或视觉艺术中，通过光线投射在物体边缘上产生的明亮效果。它通常呈现为物体边缘周围的光晕或光辉，使物体在画面中产生明亮的轮廓，增强物体的立体感和视觉吸引力。它可以使物体在画面中更加突出，增加光影对比度。

01 新建"RS区域光"，在"属性"面板的"工程"选项卡中，把"模式"设置为"包含"，按住鼠标左键将"键盘"对象拖曳至"对象"框内，如图6-49所示。

02 在"对象"选项卡中把"颜色"设置为R：145，G：255，B：246，如图6-50所示。

03 使用"移动"和"旋转"工具，把"RS区域光"拖曳至键盘左后方的位置，使其照亮键盘的边缘，如图6-51所示。

图 6-49

图 6-50

图 6-51

04 复制"RS区域光"对象，在"对象"选项卡中把"强度"设置为30，如图6-52所示。

05 调整其位置到键盘的右前方，旋转方向照亮键盘的右侧边缘，如图6-53所示。

图 6-52

图 6-53

通过预览视图可以看到，增加边缘光后，键盘的外观形状与场景已区分开来。

6.3.2 场景灯光设计

在当前场景中，由于两盏区域光均设置了单独照亮键盘，因此整体背景依然为无光源照射的纯黑色状态，缺乏层次感，还需要通过灯光来照亮场景。

01 新建"RS 区域光"，在"工程"选项卡中把"模式"设置为"包含"，按住鼠标左键把"背景"对象拖曳至"对象"框内，如图 6-54 所示。

02 在"对象"选项卡中，把"颜色"设置为 R：190，G：220，B：255，调整其位置到产品的左后侧上方，如图 6-55 所示。

图 6-54

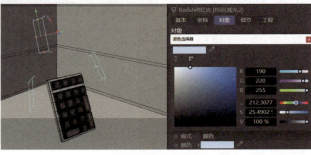

图 6-55

03 新建"RS 穹顶光"对象，如图 6-56 所示。此时，整体画面被光源照亮，如图 6-57 所示。灯光效果变得不明显，因此我们需要先把背景的材质添加后，再继续调整灯光。

图 6-56

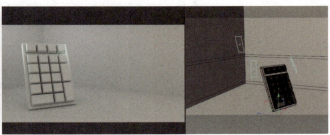

图 6-57

04 新建"RS 材质"并重命名为"黑色"，进入"节点编辑器"面板，将"基底属性 > 漫反射 > 颜色"的 R、G、B 均设置为 21，如图 6-58 所示。

图 6-58

05 将"反射 > 粗糙度"设置为 0.3,如图 6-59 所示。

06 把"黑色"材质球添加至"背景"对象中,如图 6-60 所示。

图 6-59　　　　　　　　　　　　　　　　　　图 6-60

在预览窗口中可以看到,添加材质后的背景反射出灯光光源,破坏了画面的整体设计感。

07 单击"RS 区域光 .2",在"细节"选项卡中将"贡献 > 反射"设置为 0,如图 6-61 所示。

08 在"对象"选项卡中,将"尺寸 X""尺寸 Y"均设置为 600cm,调整其位置和旋转角度,使其照亮背景,如图 6-62 所示。

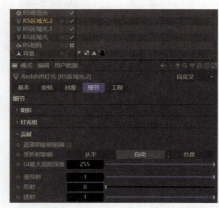

图 6-61　　　　　　　　　　　　　　　　　　图 6-62

> **提示**
> 　　灯光的强度、角度、位置、大小都会影响画面光感,除此之外,模型的大小和材质、相互间的位置距离也会影响光的折射。因此在设计灯光时,读者需要根据实际情况去不断调整灯光,以达到满意的视觉效果。
> 　　在本案例中,边缘光的尺寸较为狭长,其目的是照亮产品的轮廓,灯光距离产品较近,可以让光线更加集中和明亮。而负责照亮背景的区域光距离更远,尺寸更大,可以让光线有效地覆盖更大的背景。

6.4 材质设置

6.4.1 发光材质

发光材质具有自发光的属性，可以用来模拟按钮灯光、萤火虫、灯箱等的发光效果。

1. 发光效果

我们首先制作背景灯带的发光效果，步骤如下。

01 执行"菜单 >Redshift> 材质 > 材质 > 自发光"命令，将新建的自发光材质球添加给"背景"对象，把"多边形选集"拖放至"属性"面板"标签"选项卡中的"选集"，背景中"灯带"的效果已经出现，如图 6-63 和图 6-64 所示。

图 6-63

图 6-64

02 进入"节点编辑器"面板，将"照明"选项卡中的"强度倍增"设置为 12，"颜色"设置为 R：44，G：125，B：175，如图 6-65 和图 6-66 所示。

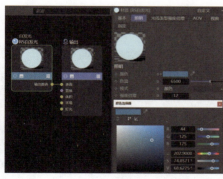
图 6-65

图 6-66

2. 彩色发光效果

接下来我们制作键盘底座的彩色发光效果，步骤如下。

01 把"黑色"材质球，赋予"键盘底座"对象，关闭"细分曲面"对象的"渲染器可见"效果，如图 6-67 所示。

图 6-67

第 6 章 钻展图设计与实战：炫酷机械键盘 | 107

02 新建"自发光"材质并赋予"键盘底座"对象,把"多边形选集"拖放至"属性"面板"标签"选项卡中的"选集",如图 6-68 所示。

图 6-68

03 进入"节点编辑器"面板,把"照明"选项卡中的"强度倍增"设置为 12,如图 6-69 所示。

04 搜索并新增"斜面"节点,连接至"RS 自发光"节点的"照明 > 颜色"端口,如图 6-70 所示。

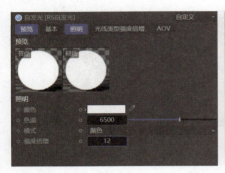

图 6-69

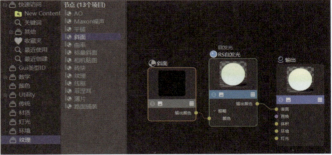

图 6-70

05 单击"斜面"节点,在"常规"选项卡中把"输入 > 映射"设置为"对角线",在"斜面"中单击"载入预置"按钮,选择"Heat 2"类型的渐变,如图 6-71 所示。

06 把"细分曲面"对象"渲染器可见"设置为"默认",键盘底座已经变成了彩色渐变的发光效果,如图 6-72 所示。

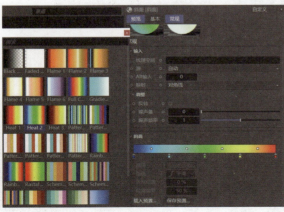

图 6-71

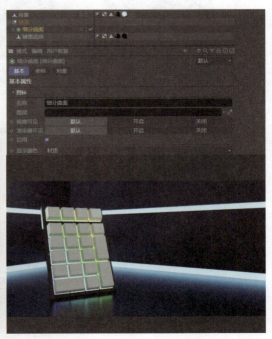

图 6-72

6.4.2 混合材质与 UV 贴图

混合材质是指将 2 种以上的材质混合在一起，并通过蒙版来区分各种材质的显示区域。

例如，一个生锈的不锈钢杯子，同时包含外表光滑、反射强烈的不锈钢材质和凹凸不平、弱反射的铁锈材质，需要用混合材质来完成杯子的材质制作。

在本案例中，"键帽"对象同时包含"发光的文字"和"黑色的塑料外观"两种材质，因此可以使用混合材质来完成。

1. 制作蒙版

首先为其制作用于区分两种材质的蒙版，步骤如下。

01 进入"UV Edit"界面，在"面模式"下选择（快捷键 Ctrl+A）"键帽"对象的所有面，如图 6-73 所示。

图 6-73

02 在"UV 管理器"面板中，把"自动 UV"设置为"立方体"后单击"应用"按钮，如图 6-74 所示。

03 在"投射"选项卡中把"投射"设置为"方形"，如图 6-75 所示。

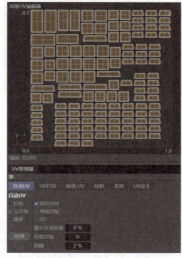

图 6-74

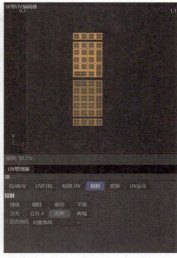

图 6-75

04 在"纹理 UV 编辑器"中选择其中一个"面"，"透视视图"中会同步显示所选的同一个"面"，如图 6-76 所示。通过这种方式可以确认，上方的纹理属于键帽的正面，亦即拥有键盘数字的一面。

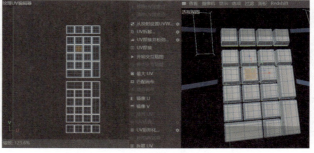

图 6-76

05 使用"框选"工具,选择上方的所有"面",右击鼠标使用"UV变换"工具,如图6-77所示。

06 通过移动和缩放使所选纹理尽量铺满画面,方便后续设计纹理贴图,如图6-78所示。在移动过程中需要特别注意,"面"与"面"之间不可重叠。

07 在"纹理UV编辑器"中单击"文件 > 新建纹理",如图6-79所示。

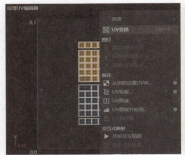
图 6-77

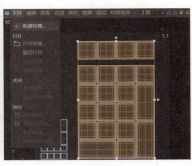
图 6-78 图 6-79

08 修改"名称"为"键盘贴图";"宽度"和"高度"均设置为2048;"颜色"设置为"黑色",设置完成后单击"确定"按钮,如图6-80所示。

09 执行"菜单 > 图层 > 描边多边形"命令,如图6-81所示。

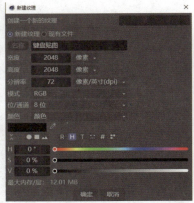
图 6-80

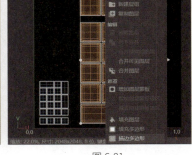
图 6-81

描边完成后,在"纹理UV编辑器"中可以看到所选的"面"已被白边描绘成功,单击"菜单 > 保存纹理"即可保存纹理贴图文件。

10 在Photoshop中打开"键盘贴图"图片,双击图层解锁后,把"不透明度"设置为17%,新建图层,填充为"黑色(#000000)",如图6-82所示。

11 使用"文字工具"按照设计草稿添加文字,文字颜色设置为"白色(#ffffff)",如图6-83所示。

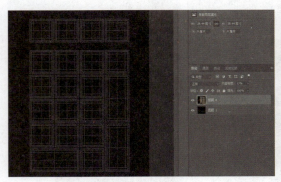
图 6-82

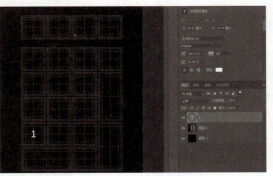
图 6-83

⑫ 添加完文字和符号后的效果，如图 6-84 所示。注意文字与纹理描边的间距和对齐。

⑬ 删除"纹理（键盘贴图）"图层，保留白色文字和黑色背景图层，保存为"键盘蒙版 .jpg"文件，如图 6-85 所示。

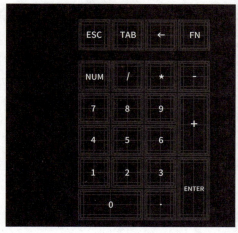
图 6-84

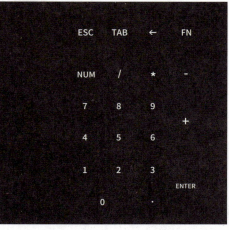
图 6-85

2. 设置混合材质

用于混合材质的蒙版贴图制作完毕，打开 Cinema 4D 开始设置混合材质，步骤如下。

⓪1 新建"RS 材质"赋予"键帽"对象，如图 6-86 所示。

图 6-86

⓪2 进入"节点编辑器"面板，添加"材质 > 自发光"节点，把"照明"选项卡中的"强度倍增"设置为 12，如图 6-87 所示。

⓪3 新增"斜面"节点并连接至"自发光"材质的"照明 > 颜色"端口，载入预置的"Heat 2"渐变效果，如图 6-88 所示。

图 6-87

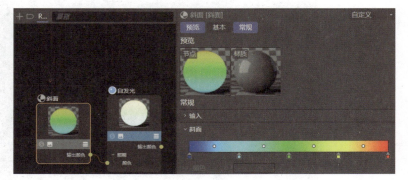
图 6-88

第 6 章　钻展图设计与实战：炫酷机械键盘 ｜ 111

04 新增"材质 > 材质混合器"节点,连接至"输出"节点的"表面"端口,如图 6-89 所示。

05 把"RS 材质"节点的"颜色"设置为 R:21,G:21,B:21 后,连接至"材质混合器"节点的"基底材质 > 颜色"端口;把"自发光"节点连接至"图层 1> 材质颜色"端口,如图 6-90 所示。

06 把"键盘蒙版.jpg"文件拖放至"节点编辑器"面板内,连接到"图层 1> 混合颜色"端口,如图 6-91 所示。

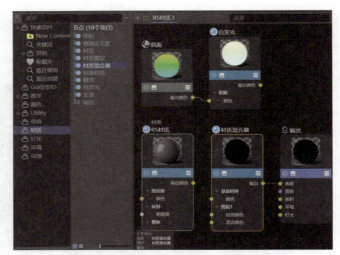

图 6-89

图 6-90

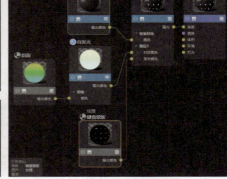

图 6-91

节点连接完成后,在预览窗口中可以看到键盘文字的渐变发光效果,通过对比蒙版贴图可以看出,贴图中的"白色"像素代表"自发光"材质,"黑色"像素代表"通用"材质,如图 6-92 所示。

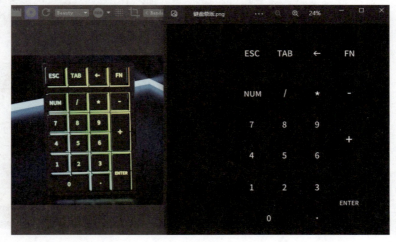

图 6-92

6.4.3 材质调整

复制"键盘"对象并重命名为"键盘 2",调整其位置于"键盘"的后方,并进行旋转,如图 6-93 所示。

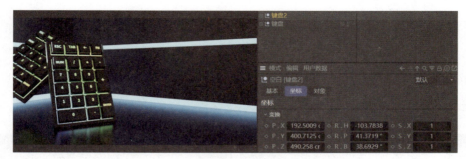

图 6-93

通过调整"键盘 2"的混合材质中的"斜面"节点,可以自由选择其映射方向和渐变颜色,如图 6-94 所示。让"键盘 2"的发光颜色区别于"键盘",有助于突出产品的多彩特点。

发光材质还可以通过增加画面的"辉光"效果,让其更加真实好看。

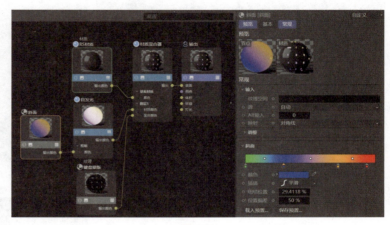

图 6-94

在预览窗口中把"视图"设置为"RS 相机",如图 6-95 所示。

单击"RS 相机",在"镜头光晕"选项卡中,把"泛光"和"条纹"均设置为"覆写","阈值"均设置为 5~15("阈值"越小,效果越明显),如图 6-96 所示。

最后,读者可以根据画面效果,调整"键盘底座""键帽"和"背景"所属材质的发光强度,使画面各种光线更有层次感。在本案例中,背景的灯带效果应当是较弱的,其次是键盘底座的渐变光,而键帽的渐变光较强,可以更好地突出产品的炫酷灯光效果。

图 6-95

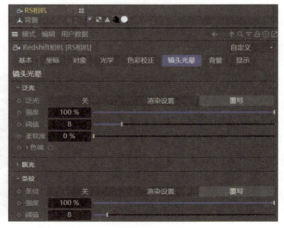

图 6-96

6.5 渲染设置

6.5.1 渲染参数设定

使用快捷键 Ctrl+B 打开"渲染设置"面板,进入 Redshift 选项卡,将"采样 > 渐进次数"设置为 500,勾选"降噪 > 启用"选项,"引擎"设置为"Altus 单",如图 6-97 所示。

在"保存"选项卡中勾选"常规图像 > 保存"选项,并在"文件"框内选择保存的位置,"格式"设置为 JPG,如图 6-98 所示。

图 6-97　　　　　　　　图 6-98

完成设置后,使用快捷键"Shift+R"渲染到图像查看器,等待渲染完成后便可在文件保存位置获取图片,如图 6-99 所示。

图 6-99

6.5.2 Photoshop 后期合成

01 在 Photoshop 中打开"键盘钻展图 .jpg",新建"菜单 > 图层 > 新建调整图层"中的"色阶"和"色相/饱和度"图层,把"阴影输入色阶"设置为 12,如图 6-100 所示。

图 6-100

在"色相/饱和度"图层中,选择"青色",把"色相"设置为+6,"饱和度"设置为-10,如图6-101所示。

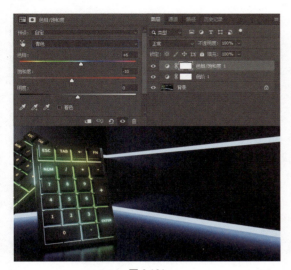

图 6-101

02 使用"文字工具"新建"7种灯效 混彩背光"和"可调节亮度与频率 闪耀每场精彩的战斗"两个文字图层;双击文字图层,打开"图层样式"面板,勾选"外发光",把"颜色"设置为#6cc2ff,"大小"设置为46,如图6-102所示。

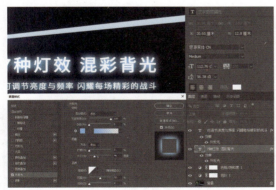

图 6-102

03 选择文字图层,右击鼠标执行"栅格化文字"命令,如图6-103所示。

图 6-103

04 同时选择两个文字图层,按快捷键Ctrl+T后,单击鼠标右键,选择"透视",如图6-104所示。

05 通过拖曳端点变换文字图层的透视方向,如图6-105所示。

图 6-104

图 6-105

06 单击"菜单>图像>图像大小",把"宽度"设置为520像素,"高度"设置为280像素,效果如图6-106所示。

07 单击"菜单>文件>储存为",把文件保存为"键盘钻展图.jpg"后即可完成钻展图的设计,如图6-107所示。

图 6-106

图 6-107

Cinema 4D
电商设计从入门到精通

第 7 章

承接页设计与实战：
活动大促

本章将讲解电商设计中的承接页装修设计，帮助读者了解承接页的特点与模块构成。通过"双十一"活动承接页的设计项目，读者将更加全面地掌握三维软件的实际应用技巧。

7.1 承接页构成

7.1.1 什么是承接页

在淘宝中承接页指的是一个类似于店铺主页的独立页面，通常用于承接各种平台活动（如"双十一"等各种活动）的流量。当用户点击淘宝广告或其他推广链接时，他们将被引导到一个特定的承接页，这个页面通过不同的设计层级（活动图、轮播图、产品图等），如图 7-1 所示，来营造节日活动促销的氛围，吸引用户注意力，并提供产品相关信息来鼓励用户进行购买。

与店铺首页承载的功能不同，承接页更加注重以下几点。

1. **展示产品**：承接页会突出展示广告所促销的具体产品，以便让用户更直观地了解其外观、功能和优点。通过产品分区（如店主推荐/爆款促销等）来分门别类地呈现产品。

2. **强调优惠信息**：承接页通常会强调优惠活动、折扣码或限时特价等促销信息。这些优惠能够吸引用户，并潜在地增加他们完成购买行为的动力。

3. **建立信任与可靠性**：淘宝承接页还致力于建立用户对品牌和卖家的信任感。通过显示商品评价、认证徽章（如正品保证）、卖家信誉度等元素来向用户传递可靠性和安全感。

4. **引导转化行为**：除了展示产品和提供优惠信息外，淘宝承接页非常注重引导用户进行购买行为。它可能包括明确的购买按钮、添加到购物车选项，或者提供简便的下单流程。

图 7-1

7.1.2 承接页构成模块

承接页的设计自由度比较高，在符合平台规范的情况下，商家可以在后台通过不同的模块搭配来自由组合承接页，如图 7-2 所示。

图 7-2

如图 7-3 所示页面左侧是可调用的模块，包括"轮播图海报""单图海报""猜你喜欢""店铺热搜""文字标题"等功能模块。

页面中间是承接页的设计区，如图 7-4 所示。当设计师调用"单图海报"模块后，可以在页面中预览模块的效果或调整其上下顺序等。

图 7-4

页面右侧是每个模块的内容设置，如"单图海报"模块，设计师上传设计好的图片后即可预览效果。同时，需要注意上传图片的尺寸规范、大小、格式等，如图 7-5 所示。

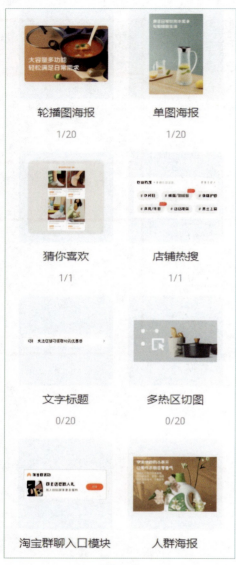

图 7-3

图 7-5

7.1.3　草图设计

承接页的活动图相对于其他类型图片来说，包含的物品和文字信息更多，因此在进入三维设计前，可以先行手绘草图，确定场景中需要的模型和大概位置，如图 7-6 所示。

在后续建模中，可以根据草图的规划来确立主体和装饰品，并设置建模的先后顺序与大小比例。

在本案例设计的"双十一"承接页草图中，主体文字突出"11.11"，配合后方的拱门，营造活动庆典的氛围，配合各种小型装饰品完善场景，并在下面留有一定的空隙，后续方便平面设计师延展图片的时候无缝添加背景。

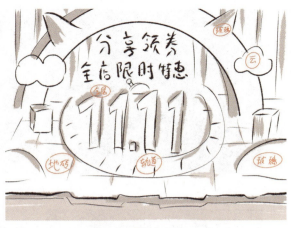

图 7-6

7.2 新建模型

7.2.1 场景建模

根据草图的规划，场景中包含轨道、地面、拱门、背景以及其他装饰品，我们可以首先建立轨道模型，并以此为参照物来确定其他模型的大小比例。

1. 轨道建模

轨道模型建立步骤如下。

01 新建"圆柱体"对象，在"属性"面板的"对象"选项卡中设置参数，"半径"为8m，"高度"为200cm，"高度分段"为1，"旋转分段"为12，"方向"为+Z，如图 7-7 和图 7-8 所示。

图 7-7　　　　　　　　图 7-8

02 新建"克隆"作为"圆柱体"对象的父级，并进行参数设置，"模式"为"放射"，"数量"为35，"半径"为900cm，"平面"为XZ，如图 7-9 和图 7-10 所示。

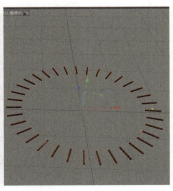

图 7-9　　　　　　　　图 7-10

03 新建"圆环面"对象,把"圆环半径"设置为1000cm,"导管半径"设置为14cm,如图7-11和图7-12所示。

04 复制"圆环面"对象,把"圆环半径"设置为800cm,如图7-13和图7-14所示。

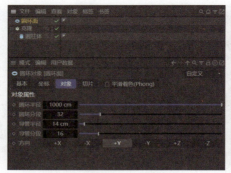
图7-11

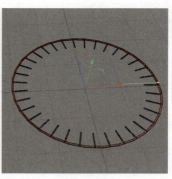
图7-12

05 把"圆环面""圆环面.1"群组对象,新建"细分曲面"作为群组对象的父级,如图7-15所示。

06 把"细分曲面"和"克隆"群组对象后重命名为"轨道",如图7-16所示。

图7-13

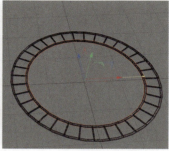
图7-14

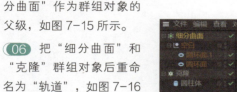
图7-15

图7-16

2. 拱门建模

拱门模型建立步骤如下。

01 新建"细分曲面"后,新建"管道"对象作为前者的子级,在"属性"面板的"对象"选项卡中设置参数,"外部半径"为1350cm,"内部半径"为1150cm,"旋转分段"为16,"封顶分段"为4,"高度"为200cm,"高度分段"为2,"方向"为+Z,如图7-17和图7-18所示。

图7-17

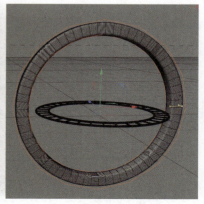
图7-18

02 在视图中把管道与轨道中心对齐，如图 7-19 所示。

03 新建"圆锥体"对象，在"属性"面板"坐标"选项卡中把 R.B 设置为 45°，在"对象"选项卡中把"底部半径"设置为 220cm，"高度"设置为 440cm，"高度分段"设置为 1，如图 7-20 所示。

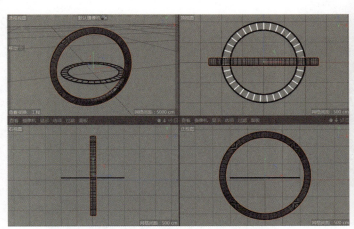

图 7-19

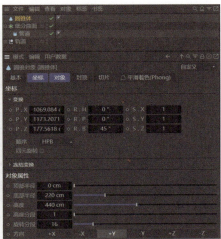

图 7-20

04 复制"圆锥体"对象，把 R.B 设置为 -45°，如图 7-21 所示。

05 在视图中把两个"圆锥体"对象分别放置于拱门的左右两边，如图 7-22 所示。

06 把"细分曲面"和两个"圆锥体"群组对象，并重命名为"拱门"，如图 7-23 所示。

图 7-21

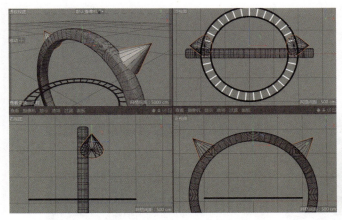

图 7-22

图 7-23

3. 背景和地板建模

背景和地板模型建立的步骤如下。

01 新建"圆柱体"对象,在"属性"面板"对象"选项卡中把"半径"设置为10cm,"高度"设置为2000cm,"高度分段"设置为1,如图7-24所示。

02 新建"克隆"作为"圆柱体"对象的父级,把"数量"设置为35、1、1,"尺寸"设置为170cm、200cm、200cm,如图7-25和图7-26所示。

03 把"克隆"重命名为"栅栏",如图7-27所示。

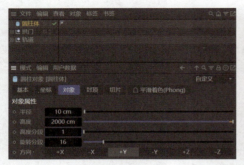

图 7-24

图 7-25

图 7-26

图 7-27

04 新建"立方体"对象,把"尺寸.Y"设置为30cm,如图7-28所示。

05 新建"克隆"作为"立方体"对象的父级,把"数量"设置为20、1、15,如图7-29和图7-30所示。

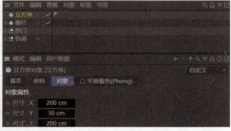

图 7-28

图 7-29

图 7-30

06 单击"菜单 > 运动图形 > 效果器 > 随机",创建"随机"效果器,如图 7-31 所示。

07 把"随机"效果器放置于"克隆 > 效果器"框内,如图 7-32 所示。

图 7-31　　　　　　　　　　图 7-32

08 在"随机"效果器的"参数"选项卡中,把 P.X、P.Z 设置为 0cm,P.Y 设置为 10cm,此时克隆的"立方体"位置将随机在 10cm 的范围内上下偏移,如图 7-33 和图 7-34 所示。

09 把"克隆"和"随机"群组对象,并重命名为"地板",如图 7-35 所示。

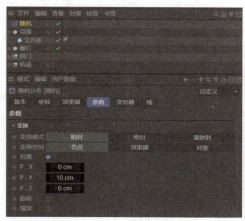

图 7-33　　　　　　　　图 7-34　　　　　　　图 7-35

10 新建"立方体"对象,把"尺寸.Y"设置为 560cm,如图 7-36 所示。

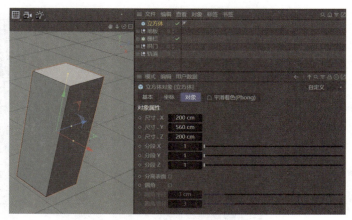

图 7-36

(11) 新建"克隆"作为"立方体"对象的父级,把"数量"设置为20、1、8,如图7-37和图7-38所示。

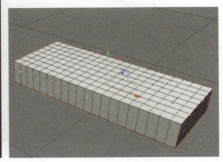

图7-37　　　　　图7-38

(12) 新建"随机"效果器,放置于"克隆 > 效果器"框内,如图7-39所示。

(13) 在"随机"效果器的"参数"选项卡中勾选"缩放",把S.X、S.Y、S.Z分别设置为0.25、0.35、0.5,如图7-40和图7-41所示。

(14) 把"克隆"和"随机"群组对象,并重命名为"背景",放置于"栅栏"后方,如图7-42所示。

图7-41

图7-39　　　图7-40　　　图7-42

(15) 新建"立方体"对象,进行参数设置,"尺寸.X"为700cm,"尺寸.Y"为800cm,"尺寸.Z"为500cm,"分段X"为5,"分段Y"为5,"分段Z"为1,如图7-43和图7-44所示。

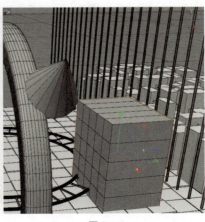

图7-43　　　　　图7-44

⑯ 新建"晶格"作为"立方体"对象的父级,把"球体半径"设置为20cm,"圆柱半径"设置为8cm,如图7-45和图7-46所示。

⑰ 复制"晶格"对象,把"立方体"的"尺寸.X""尺寸.Y"均设置为1000cm,如图7-47所示。

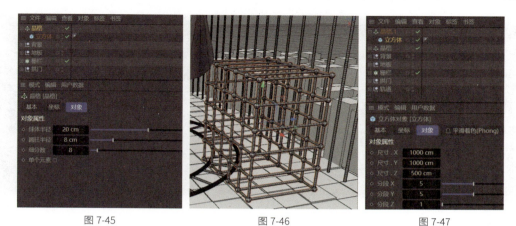

图7-45　　　　　　　　图7-46　　　　　　　　图7-47

⑱ 把两个"晶格"放置于场景的左右两边,并执行"群组对象"命令,重命名为"晶格",如图7-48所示。

图7-48

基本的场景模型已经完成,还需要增加各种装饰品来丰富场景,建模步骤如下。

4. 装饰品建模

① 新建"球体"对象,执行"转为可编辑对象"命令,如图7-49所示。

② 复制2个"球体"对象,使用"移动"和"缩放"工具,使其重叠在一起,如图7-50所示。

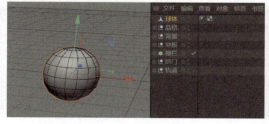 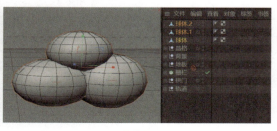

图7-49　　　　　　　　　　　　　图7-50

03 新建"体积生成"作为3个"球体"对象的父级,单击"体积生成"对象,可在其"对象"框内看到3个"球体"对象已叠加在一起,如图7-51所示。

04 单击"SDF平滑"按钮,"对象"框内将会新增"SDF平滑"对象,如图7-52所示。

图 7-51　　　　　　　　　　　　图 7-52

05 新建"体积网格"作为"体积生成"对象的父级,在视窗中将看到模型被网格线条覆盖,如图7-53所示。

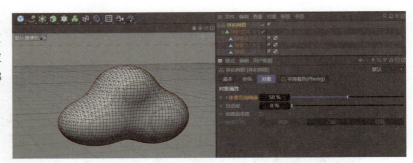

图 7-53

06 通过移动或缩放"球体"对象,可以调整"云"的形状,如图7-54所示。

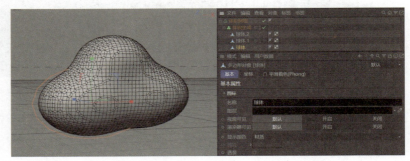

图 7-54

07 复制"体积网格"对象,放置于场景中左侧,并将两个"体积网格"群组对象后重命名为"云",如图7-55所示。

图 7-55

08 新建"圆柱体"对象,调整参数设置:"半径"为150cm,"高度"为100cm,"高度分段"为1,"旋转分段"为32,"方向"为+Z,如图7-56和图7-57所示。

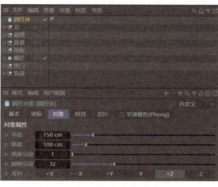
图 7-56

图 7-57

09 新建"圆柱体"对象,把"半径"设置为20cm,"高度分段"设置为1,旋转并调整其位置,如图7-58和图7-59所示。

图 7-58

图 7-59

10 新建"球体"对象,把"半径"设置为40cm,调整位置,如图7-60和图7-61所示。

图 7-60

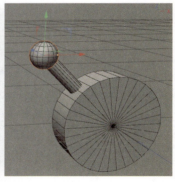
图 7-61

11 把2个"圆柱体"和"球体"群组对象并重命名为"启动器",放置于地板中间,使其露出半圆形状,如图7-62和图7-63所示。

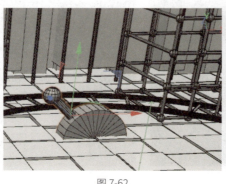
图 7-62

图 7-63

第 7 章 承接页设计与实战:活动大促 | 127

12 新建 3 个"立方体"对象,调整其大小和位置(无须精确调节参数),放置于场景中,如图 7-64 所示。

图 7-64

13 新建"圆柱体",设置属性参数:"半径"为 300cm,"高度"为 20cm,"高度分段"为 1,"旋转分段"为 32,"方向"为 +Z,如图 7-65 所示。

14 复制"圆柱体"并放置于地板中间,露出半圆形状,如图 7-66 所示。

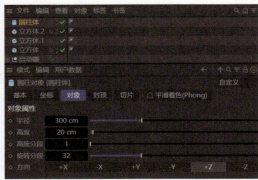

图 7-65

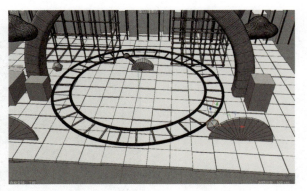

图 7-66

15 新建 2 个"宝石体"模型,调整其大小和位置,放置于地板上,如图 7-67 所示。

16 将 3 个"立方体"、2 个"圆柱体"和 2 个"宝石体"进行群组对象,并重命名为"装饰品",如图 7-68 所示。

17 在视图中调整各模型的位置与大小,使模型比例恰当,位置摆放有层次感,如图 7-69 所示。

图 7-68

图 7-69

7.2.2 文字建模

在Cinema 4D中,文字是由多边形组成的模型,通过"文本"工具可以快速地生成各种字体、大小、厚度不同的文字模型,步骤如下。

01 单击"菜单>创建>网格>文本",在"属性"面板"对象"选项卡中进行参数设置,设置"深度"为30cm,"文本样条"为"全店限时特惠","字体"为"思源黑体CN/Bold","高度"为240cm,"水平间隔"为10cm,如图7-70和图7-71所示。

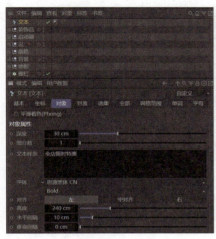 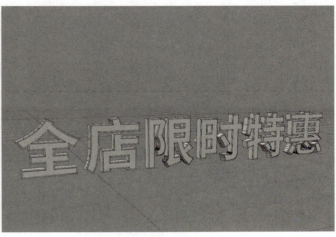

图 7-70　　　　　　　　　　　　　　图 7-71

02 在"封盖"选项卡中,把"倒角外形"设置为"步幅","尺寸"设置为4.5cm,"分段"设置为1;在"选集"选项卡中,勾选"起点倒角",如图7-72所示。

03 复制"文本"对象,把"文本样条"设置为"分享领券",如图7-73所示。

04 把2个"文本"群组对象并重命名为"标题",如图7-74所示。

图 7-72　　　　　　　　　　　　　　图 7-73

图 7-74

05 新建"文本"对象,在"属性"面板"对象"选项卡中进行参数设置,设置"深度"为150cm,"文本样条"为1,"字体"为Arial Black/Regular,"高度"为650cm,如图7-75所示。

06 在"封盖"选项卡中,把"倒角外形"设置为"步幅","尺寸"设置为12cm,"分段"设置为1。在"选集"选项卡中,勾选"起点封盖",如图7-76所示。

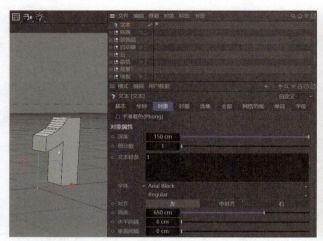

图7-75　　　　　　　　　　图7-76

07 复制3个"文本"对象,调整其位置如图7-77所示。

08 新建"立方体"对象,把"尺寸.X""尺寸.Y""尺寸.Z"均设置为70cm,如图7-78所示。

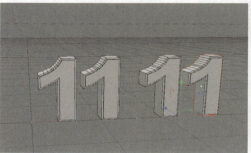 

图7-77　　　　　　　　　　图7-78

09 对"立方体"对象执行"转为可编辑对象"命令后,在"面模式"下使用"嵌入"工具,把"偏移"设置为8cm后执行操作,如图7-79所示。

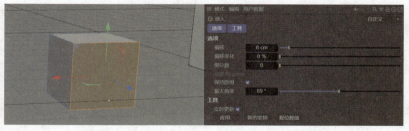

图7-79

10 使用"挤压"工具,把"偏移"设置为10cm后执行操作,如图7-80所示。

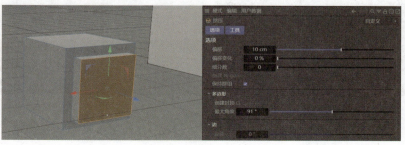

图7-80

(11) 把 4 个 "文本" 和 "立方体" 群组对象并重命名为 "双 11"，如图 7-81 所示。

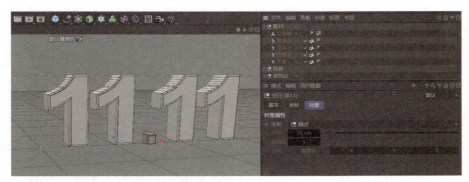

图 7-81

7.2.3 摄像机视图与场景调整

在当前场景中，为了满足构图所需，还需要把画面补充完善，防止在画面中出现空白的缺失部分。

新建 "平面" 对象，把 "宽度" "高度" 均设置为 8000cm，"宽度分段" "高度分段" 均设置为 1，如图 7-82 和图 7-83 所示。

图 7-82

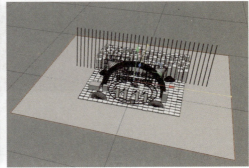

图 7-83

把 "平面" 对象放置于场景底部，如图 7-84 所示。

图 7-84

读者可根据画面实际情况，调整"克隆"的"对象"选项卡中的"尺寸"参数，让被克隆的立方体拉开距离，同时通过调整其旋转角度，使其朝向摄像机倾斜，可以有效地让画面背景填充完善，如图 7-85 所示。

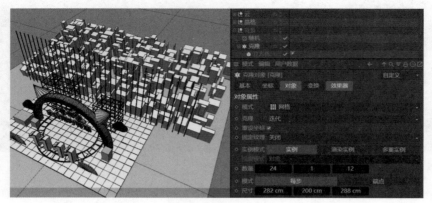

图 7-85

单击"菜单 > 渲染 > 编辑渲染设置"，在"渲染设置"面板中把"渲染器"设置为"Redshift"，在右侧"输出"选项中，把"宽度"设置为 1200 像素，"高度"设置为 960 像素，如图 7-86 所示。

图 7-86

新建"RS 相机"，并开启摄像机视角，如图 7-87 所示。

在预览窗口中可以看到整体场景模型的效果，如图 7-88 所示。

图 7-87

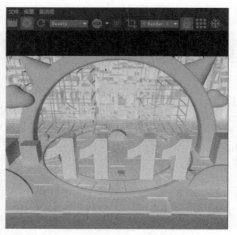

图 7-88

7.3 灯光设计

新建"RS 物理阳光"对象,把"日盘比例"设置为 30,"饱和度"设置为 0,如图 7-89 所示。

物理太阳光可以让场景中的模型产生明显的明暗交界线,让场景更加真实。

新建"RS 穹顶光"对象,在"纹理"中添加 venice_sunset_4k.hdr 图片,把"饱和度"设置为 0,如图 7-90 所示。

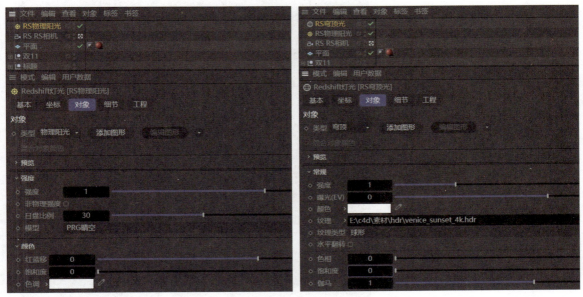

图 7-89　　　　　　　　　　　　　　图 7-90

HDR 补充了模型暗部的光线,使其不至于纯黑一片,同时把饱和度降为 0,可以防止 HDR 图片的色彩影响场景中的模型材质反射效果,如图 7-91 所示。

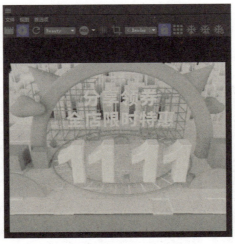

图 7-91

7.4 材质设置

7.4.1 材质设计

对于由多个模型组合的复杂场景，我们首先制作作为主色的材质球，其次再制作作为配色的材质球，这样有助于更好地调适画面的色彩风格。

01 新建"RS材质"并重命名为"红色"，把"基底属性 > 漫反射 > 颜色"设置为 R：234，G：99，B：99，如图 7-92 所示。

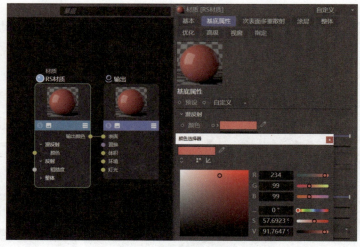

图 7-92

02 把"反射 > 粗糙度"设置为 0.3，如图 7-93 所示。

03 把"红色"材质球赋予以下对象："装饰品 > 立方体""装饰品 > 立方体.1""平面""拱门""晶格""背景"和"地板"，如图 7-94 所示。

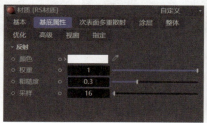

图 7-93　　　　　图 7-94

04 新建"自发光"材质，把"强度倍增"设置为 10，如图 7-95 所示。

05 把"自发光"材质球赋予"标题"的 2 个子级对象，并把材质的"选集"设置为 R1，如图 7-96 所示。

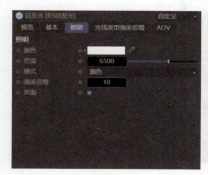

图 7-95

图 7-96

06 新建"RS 材质"并重命名为"金色",把"预设"设置为"黄金",如图 7-97 所示。

07 把"金色"材质球赋予"双 11"下的所有子级对象,如图 7-98 所示。

图 7-97　　　　　　　　　　　　　图 7-98

08 新建"自发光"材质,把"照明 > 颜色"设置为 R:244,G:212,B:106,"强度倍增"设置为 10,如图 7-99 所示。

09 把"自发光"材质赋予"双 11"下的 4 个文本子级对象,并把"选集"设置为 C1,如图 7-100 所示。

10 在"面模式"下,选择"双 11"下的子级对象"立方体"被挤压出来的"面",并把"自发光"材质在"透视视图"中拖曳上去,"材质"将生效并形成"选集",如图 7-101 所示。

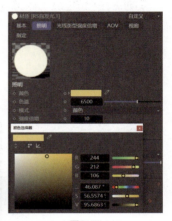

图 7-99

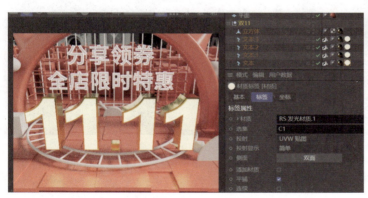

图 7-100

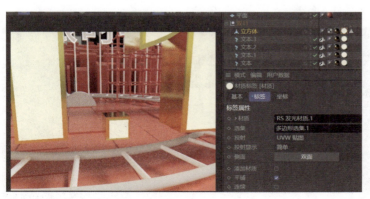

图 7-101

⑪ 新建"RS 材质",把"预设"设置为"玻璃","折射/透射>颜色"设置为 R:255,G:232,B:232,如图 7-102 所示。

⑫ 把"玻璃"材质球赋予"装饰品"和"拱门"下的 2 个圆锥体子级对象,如图 7-103 所示。

图 7-102　　　　　　　　　　　　　　　图 7-103

⑬ 复制"红色"材质球并重命名为"粉色",把"漫反射>颜色"设置为 R:255,G:120,B:120,如图 7-104 所示。

⑭ 把"粉色"材质球赋予"轨道"对象,如图 7-105 所示。

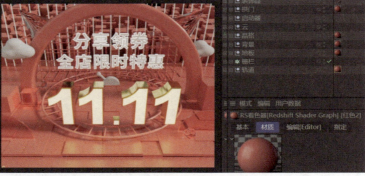

图 7-104　　　　　　　　　　　　　　　图 7-105

⑮ 复制"粉色"材质球并重命名为"橙色",把"漫反射>颜色"设置为 R:255,G:207,B:176,如图 7-106 所示。

⑯ 把"橙色"材质球赋予"启动器"对象,如图 7-107 所示。

图 7-106　　　　　　　　　　　　　　　图 7-107

⑰ 复制"橙色"材质球并重命名为"白色",把"漫反射>颜色"设置为 R:240,G:240,B:240,如图 7-108 所示。

⑱ 把"白色"材质球赋予"云"对象,如图 7-109 所示。

图 7-108

图 7-109

⑲ 复制"栅栏>圆柱体"对象,分别把"白色"和"橙色"材质球赋予 2 个"圆柱体",如图 7-110 所示。

⑳ 把"粉色"材质球赋予"标题"下的 2 个文本子级对象,注意放在"自发光"材质球前面,如图 7-111 所示。

图 7-110

图 7-111

7.4.2 材质调整

根据画面需求,把"玻璃"材质的"反射>粗糙度"设置为 0.1~0.3 的数值,可以让玻璃更具磨砂质感,如图 7-112 所示。

通过旋转"RS 穹顶光"对象,让 HDR 的光线更加符合画面需求,在预览窗口中随时观察光线的变换,即时调整材质的颜色偏差,如图 7-113 所示。

图 7-112　　　　　　　　　　　图 7-113

单击"RS 相机"，在"镜头光晕"选项卡中，把"泛光"和"条纹"均设置为"覆盖"，"阈值"设置为 10~15 的数值。在预览窗口中把"视图"设置为"RS 相机"，可以观察到文字的辉光效果，如图 7-114 和图 7-115 所示。

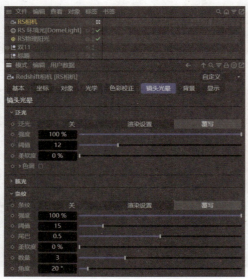

图 7-114　　　　　　　　　图 7-115

在"光学"选项卡中，把"目标距离"设置为 2800cm，勾选"Bokeh"，"孔径(f/#)"设置为 0.065，可以让画面模拟景深，达到虚化背景的效果，如图 7-116 所示。

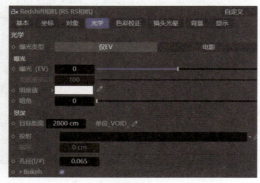

图 7-116

读者需要注意，"光圈"和"焦距"受场景和对焦物体的大小和位置、距离影响，参数需要根据实际情况自行调整。

7.5 渲染设置

使用快捷键 Ctrl+B 打开"渲染设置"面板，进入 Redshift 选项卡，将"采样 > 渐进次数"设置为 300，开启"降噪 > 启用"选项，"引擎"设置为"Altus 单"，如图 7-117 所示。

在"保存"选项卡中勾选"常规图像 > 保存"选项，并在"文件"框内选择保存的位置，"格式"设置为 JPG，如图 7-118 所示。

图 7-117

图 7-118

完成设置后，使用快捷键"Shift+R"渲染到图像查看器，等待渲染完成后便可在文件保存位置获取图片，效果如图 7-119 所示。

根据项目需要，读者可以填充优惠券、轮播图、产品图等页面元素，共同组成活动承接页，如图 7-120 所示。

图 7-119

图 7-120

Cinema 4D
电商设计从入门到精通

第 8 章

主图视频与实战：
多彩印章动画

本章将详细讲解电商主图视频的制作过程，帮助读者全面掌握从视频脚本编写、建模、动画制作到视频导出与合成的每一个步骤。通过案例实践，读者将深入了解各种动画制作技巧，并分解每一步的制作过程。

8.1 主图视频简介

8.1.1 什么是主图视频

电商主图视频是指在电子商务平台上展示商品时使用的视频素材。与传统的静态图片相比，主图视频可以更生动地展示商品的特点、功能和使用场景，给消费者提供更直观的购物体验。通过主图视频，商家可以更好地展示商品的细节、材质、使用方法等信息，从而增加消费者对商品的了解和信任感，提高购买转化率。

在电商平台的商家后台中可以看到，主图视频支持1∶1、3∶4、16∶9三种尺寸，时长建议在15~60秒，如图8-1所示。在本案例中，我们制作的视频比例是3∶4（900px×1200px），时长为13秒（390帧）。

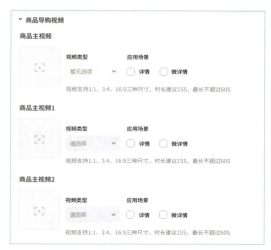

图 8-1

8.1.2 如何制作主图视频

在 Cinema 4D 中，可以使用各种工具和功能来实现图形运动（Motion Graphics）。图形运动是一种通过运动、转换和变形等技术来创造视觉效果和传达信息的方法，如图8-2所示。

Cinema 4D 提供了丰富的创意工具和特效，可以轻松地创建各种图形运动效果。可以使用文字、形状、图形和粒子等元素来设计动画，并通过动画关键帧、运动路径和效果器等功能来控制它们的运动和变化，如图8-3所示。

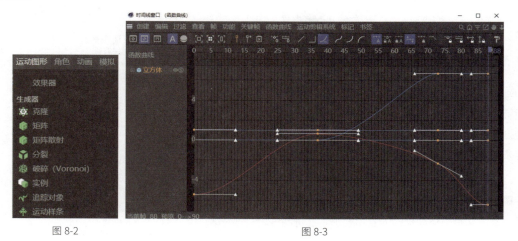

图 8-2　　　　　　　　　　　　　　　图 8-3

此外，Cinema 4D 还支持动态模拟和物理引擎，可以模拟真实世界中的物理效果，例如碰撞、重力和流体等，如图8-4所示。利用这些功能可以创建出更加真实和令人惊叹的图形运动效果。

图 8-4

8.2 动画脚本设计

8.2.1 分镜与构图

动画分镜是指在动画进入正式制作前,将整个动画按照时间顺序分解成一系列的镜头,并以图形方式呈现出来的过程。每个分镜头都包含动画的场景、动作、构图和镜头切换等信息,如图 8-5 所示。

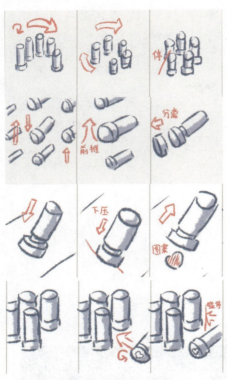

图 8-5

动画分镜是为了在制作前规划好每个镜头的内容和布局,以便动画师和制作团队能够更好地理解和实现动画的表达。它可以帮助确定动画的节奏、动作流畅度和视角切换等,以达到预期的艺术效果和叙事目的。

分镜头通常以简化的图示形式呈现,使用方框代表画面,标注文字描述动画的内容和要求。它是动画制作过程中的重要工具,有助于团队成员之间的沟通和协作,确保动画制作的顺利进行。通过分镜头的规划,动画师可以更好地掌握动画的节奏和表现方式,从而创作出精彩的动画作品。

8.2.2 视频脚本制作

视频脚本是指在视频制作过程中用于指导拍摄和后期制作的文本稿件。它是一份详细的文字描述,包含视频的场景、动作、镜头切换等内容。

与纯动画分镜相比,视频脚本包含动画分镜,且其功能更偏重于指导后期制作,如图 8-6 所示。

镜号	分镜	景别	描述	时长	备注
1		全景	5个印章模型,顺时针旋转	1s	每个印章外观为不同的颜色,5个印章需要分别用5种颜色区分
2		全景	围成圆形后停下	1s	
3		中景	左、右两边印章向上升,中间一排印章向下降	2s	每排1种颜色
4		近景	盖子与印章缓慢分离	2s	镜头推近
5		近景	按压器向下按在纸上	2s	按压器向下后,需要恢复原位
6		近景	印章离开,图案被印在纸上	2s	镜头逐渐推近
7		全景	印章从右边开始滚入画框内	1s	5个印章不同颜色
8		全景	碰到4个印章的整体边界后停止	2s	

图 8-6

8.3 新建模型

8.3.1 模型分析

印章的组成模块是由动画脚本决定的，比如在动画中，盖子、按压器、印泥都是需要单独移动的部分，因此不能合并成一个对象；同时，印章的整体模型又需要统一移动。因此，这3个模块作为单独对象的同时，需要放置在同一个群组内，通过调整其位置组合成印章模型的整体，如图8-7所示。

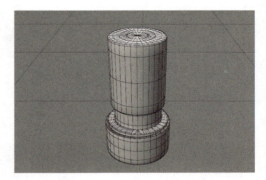

图 8-7

在进行建模时候，我们可以对3个模块分别建模，互不干扰，如图8-8所示，从左至右分别是盖子、印泥、按压器。在后续制作动画时，3个模块可以独立地进行位移、旋转、缩放，大大地提高了制作的灵活性。

模型组装完成并附上材质后，效果如图8-9所示。

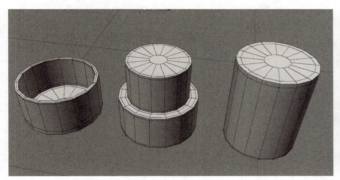

图 8-8

图 8-9

8.3.2 开始建模

首先制作模块1，即按压器，步骤如下。

01 新建"圆柱体"对象，并重命名为"按压器"；参数设置："半径"为50cm，"高度"为135cm，"高度分段"为1，"旋转分段"为16，"方向"为+Y，如图8-10所示。

图 8-10

02 对"按压器"对象执行"转为可编辑对象"命令后,单击鼠标右键使用"循环/路径切割"工具,将"距离"设置为4cm,在底部封盖上进行切割,如图8-11所示。

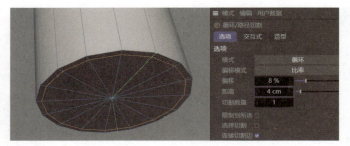

图8-11

03 在"面模式"下使用"循环选择"工具,选中靠内的一圈面,如图8-12所示。单击鼠标右键选择"挤压"工具,把"偏移"设置为-130cm后执行,如图8-13所示。

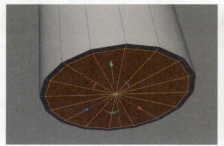

图8-12 图8-13

04 在"线模式"下使用"循环选择"工具,选中模型里面的一圈线,如图8-14所示。

05 单击鼠标右键使用"倒角"工具,把"倒角模式"设置为"实体","偏移"设置为2.5cm后执行,如图8-15所示。

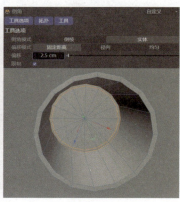

图8-14 图8-15

06 使用"循环选择"工具,按住Shift键同时选中两圈线,如图8-16所示。

07 单击鼠标右键使用"倒角"工具,把"倒角模式"设置为"实体","偏移"设置为2cm后执行,如图8-17所示。

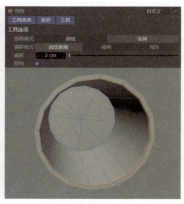

图8-16 图8-17

08 使用"循环选择"工具选中中间的一圈线,单击鼠标右键执行"消除"命令,如图 8-18 所示。

> **提示**
> 读者需要注意,在步骤 7 执行"倒角"后中间会产生两根重叠的线,此处只须"消除"其中一根即可。

09 使用"循环选择"工具,在模型外部的顶部封盖选中一圈线,如图 8-19 所示。

10 单击鼠标右键使用"倒角"工具,把"倒角模式"设置为"实体","偏移"设置为 4cm 后执行,如图 8-20 所示。

图 8-18

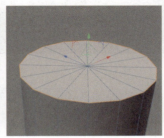

图 8-19

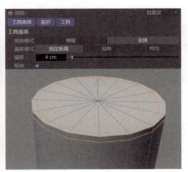

图 8-20

至此,"按压器"模型制作完成,效果如图 8-21 所示。

"盖子"和"按压器"模块外观一致(除高度外),因此无须重复建模,在制作完材质后复制模型再修改即可。

图 8-21

接下来制作模块 2,即印泥,步骤如下。

01 隐藏"按压器"对象视图和渲染显示后,新建"圆柱体"对象并重命名为"印泥";参数设置:"半径"为 45cm,"高度"为 110cm,"高度分段"为 1,"旋转分段"为 16,"方向"为 +Y,如图 8-22 所示。

02 对"印泥"对象执行"转为可编辑对象"命令后,单击鼠标右键使用"循环/路径切割"工具,把"距离"设置为"62cm"后执行,如图 8-23 所示。

图 8-22

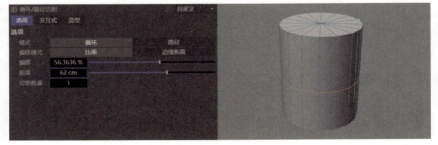

图 8-23

第 8 章 主图视频与实战:多彩印章动画 | 145

03 在"面模式"下使用"循环选择"工具,选中下半部分的面(除底部封盖外),如图 8-24 所示。

04 单击鼠标右键使用"挤压"工具,把"偏移"设置为9cm后执行,如图 8-25 所示。

图 8-24　　　　　　　　　　　　　　图 8-25

05 在"线模式"下使用"循环选择"工具,选择底部封盖靠内的线圈。单击鼠标右键使用"滑动边"工具,把"偏移"设置为 4.5cm 后执行,如图 8-26 所示。

06 在"面模式"下使用"循环选择"工具,选中底部封盖靠内的圆面,如图 8-27 所示。

图 8-26　　　　　　　　　　　　　　图 8-27

07 单击鼠标右键使用"挤压"工具,把"偏移"设置为 -21cm 后执行,如图 8-28 所示。

08 在"线模式"下,使用"循环选择"工具选择图 8-29 所示的线圈。

图 8-28　　　　　　　　　　　　　　图 8-29

09 单击鼠标右键使用"倒角"工具,把"倒角模式"设置为"实体","偏移"设置为2cm后执行,如图 8-30 所示。

10 使用"循环选择"工具选择两个线圈,如图 8-31 所示。

图 8-30　　　　　　　　　　　　　　图 8-31

⑪ 单击鼠标右键使用"倒角"工具，把"倒角模式"设置为"实体"，"偏移"设置为2.2cm后执行，如图8-32所示。

⑫ 使用"循环选择"工具选择中间的其中一圈线，单击鼠标右键执行"消除"命令，如图8-33所示。

图 8-32　　　　　　　　　　　图 8-33

⑬ 使用"循环选择"工具选择3个线圈，如图8-34所示。

⑭ 单击鼠标右键使用"倒角"工具，把"倒角模式"设置为"实体"，"偏移"设置为3cm后执行，如图8-35所示。

图 8-34　　　　　　　　　　　图 8-35

至此，"印泥"模型制作完毕，效果如图8-36所示。

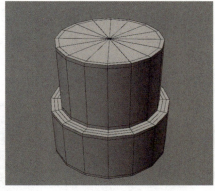

图 8-36

8.3.3 材质设置

按压器顶部附有贴纸图案,因此需要先为模型拆分 UV 制作贴图,才能完成材质的制作。

1.UV 展开和贴图

01 在 Cinema 4D 的顶部界面选项卡中单击 UVEdit 进入 UV 编辑界面,在"面模式"下按快捷键 Ctrl+A 选中"按压器"对象的所有面,如图 8-37 所示。

02 在"纹理 UV 编辑器"面板中单击"投射"选项卡,单击"立方 2"按钮,如图 8-38 所示。

03 单击"自动 UV"选项卡,把"自动 UV"设置为"打包",单击"应用"按钮,如图 8-39 所示。

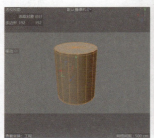
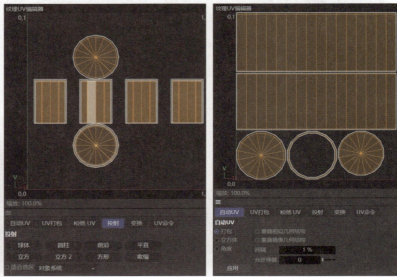

图 8-37　　　　　　图 8-38　　　　　　图 8-39

04 使用"循环选择"工具,在"纹理 UV 编辑器"面板中选中顶部封盖靠内的圆面,如图 8-40 所示。

05 单击执行"纹理 UV 编辑器"面板中的"菜单 > 新建纹理"命令;把"名称"设置为"按压器 uv","颜色"设置为纯黑色(H、S、V 均为 0),设置完成后单击"确定"按钮,如图 8-41 所示。

06 在"纹理 UV 编辑器"面板中执行"菜单 > 图层 > 填充多边形"和"菜单 > 图层 > 描边多变形"两个命令,如图 8-42 所示。

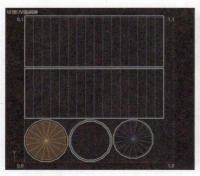
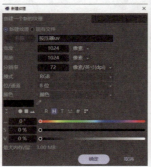
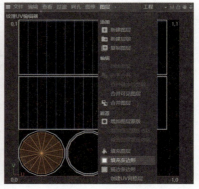

图 8-40　　　　　　图 8-41　　　　　　图 8-42

07 在"纹理 UV 编辑器"面板中执行"菜单 > 保存纹理"命令,格式设置为 JPG,单击"确定"按钮,得到"按压器 uv.jpg"文件,效果如图 8-43 所示。

08 使用 Photoshop 打开图片,使用"椭圆工具"按住 Shift 键绘制圆形,填充颜色为"白色(#ffffff)",描边颜色为"黑色(#000000)",描边宽度为"30 像素",如图 8-44 所示。

图 8-43　　　　　　　　　　图 8-44

09 保存并导出图片后,重命名为"按压器 UV 修正版",效果如图 8-45 所示。修改后的贴图隐藏了白色部分的棱角,防止模型添加细分后导致贴图越界等问题。

10 把项目源文件素材中的花朵图案,放置于图片中的黑色圆圈内,如图 8-46 所示。

11 保存并导出图片后,重命名为"按压器花朵",效果如图 8-47 所示。

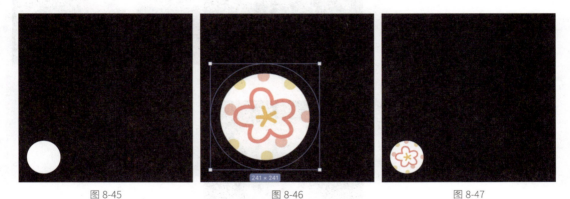

图 8-45　　　　　　图 8-46　　　　　　图 8-47

2. 制作材质

01 新建"RS 材质"并重命名为"按压器";进入"节点编辑器"面板,把"基底属性 > 预设"设置为"塑料",如图 8-48 所示。

02 把"反射 > 粗糙度"设置为"0.3",如图 8-49 所示。

图 8-48　　　　　　图 8-49

03 新建"颜色图层"节点,并连接到"RS材质"节点的"漫反射 > 颜色"端口,如图 8-50 所示。"颜色图层"可以混合多种颜色用于同一个材质当中,并通过每层独立的蒙版来控制各层颜色的显示与位置。

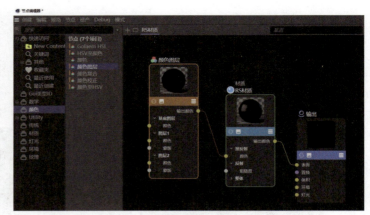

图 8-50

04 把"颜色图层"节点的"基底图层 > 颜色"设置为 R: 255,G: 140,B: 140;把"按压器花朵"图片拖曳进"节点编辑器"面板并连接至"颜色图层"节点的"图层 1> 颜色"端口;将"按压器 UV 修正版"图片连接至"图层 1> 蒙版"端口,如图 8-51 所示。

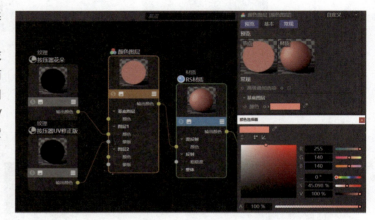

图 8-51

05 把"按压器"材质赋予"按压器"对象,在 RS 预览视图中可以看到图 8-52 所示的效果,封面图案贴纸准确地出现在中心处。

图 8-52

完成"按压器"的材质制作后,可以将其复用为"盖子"的模型和材质,步骤如下。

01 复制"按压器"对象,并重命名为"盖子",如图 8-53 所示。

02 选择"盖子"对象,在"坐标"面板中设置以下参数:X: 0cm,0°,120cm;Y: 0cm,0°,55cm;Z: 0cm,-180°,120cm,如图 8-54 所示。

	复位变换	对象(相对)	尺寸
X	0 cm	0°	120 cm
Y	0 cm	0°	55 cm
Z	0 cm	-180°	120 cm

图 8-53　　　　　　图 8-54

03 在"点模式"下使用"框选"工具选择顶部的所有点，对 Y 轴按住鼠标左键往下拖曳 80cm 距离，同时按住 Shift 键可以控制数值为整数，如图 8-55 所示。

04 使用"移动"工具把"盖子"对象移动到"印泥"下方，完成组合，如图 8-56 所示。

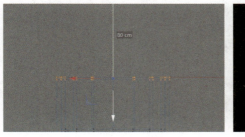
图 8-55

图 8-56

"印泥"模型的材质分为两部分：塑料和颜料。其中颜料中的花朵图案有凹凸效果，因此同样需要先对"印泥"对象展开 UV 并绘制图案，步骤如下。

01 在 Cinema 4D 的顶部界面选项卡中单击 UVEdit 进入 UV 编辑界面，在"面模式"下按快捷键 Ctrl+A 选中"印泥"对象的所有面，如图 8-57 所示。

图 8-57

02 在"纹理 UV 编辑器"面板中单击"投射"选项卡，单击"立方 2"按钮，如图 8-58 所示。

03 单击"自动 UV"选项卡，把"自动 UV"设置为"打包"，单击"应用"按钮，如图 8-59 所示。

04 使用"循环选择"工具，在"纹理 UV 编辑器"面板中选中顶部封盖的两个圆面，注意选择外圈的面，如图 8-60 所示。

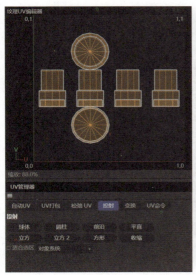
图 8-58

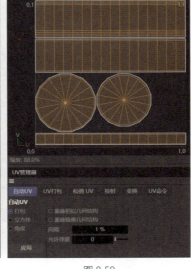
图 8-59

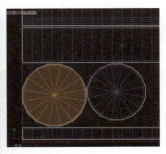
图 8-60

05 单击执行"纹理 UV 编辑器"面板中的"菜单 > 新建纹理"命令；把"名称"设置为"印泥 uv"，"颜色"设置为纯黑色（H、S、V 均为 0），设置完成后单击"确定"按钮，如图 8-61 所示。

06 在"纹理 UV 编辑器"面板中执行"菜单 > 图层 > 填充多边形"和"菜单 > 图层 > 描边多变形"两个命令，如图 8-62 所示。

图 8-61

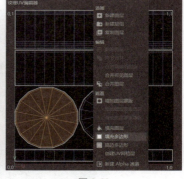
图 8-62

07 在"纹理 UV 编辑器"面板中执行"菜单 > 保存纹理"命令，格式设置为 JPG，单击"确定"按钮，得到"印泥 uv.jpg"文件，效果如图 8-63 所示。

08 使用 Photoshop 打开图片，使用"椭圆工具"按住 Shift 键绘制圆形，填充颜色为"白色（#ffffff）"，描边颜色为"黑色（#000000）"，描边宽度为"10 像素"，如图 8-64 所示。

09 保存并导出图片后，重命名为"印泥 uv 修正版"，效果如图 8-65 所示。

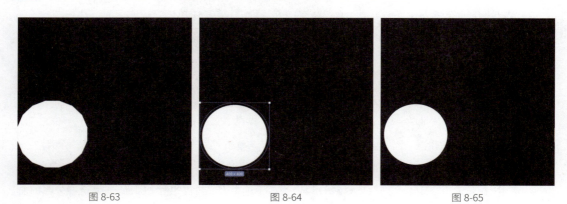

图 8-63　　　　　　　　图 8-64　　　　　　　　图 8-65

10 把项目文件素材中的花朵图案放置到白色圆形的中心位置，如图 8-66 所示。

11 把花朵图案填充为"白色（#ffffff）"，画面其余地方填充为"黑色（#000000）"，制作完成后保存为"印泥凹凸贴图 .jpg"，效果如图 8-67 所示。

图 8-66　　　　　　　　图 8-67

与"按压器"的蒙版贴图不同，这里的贴图只有"白和黑"，是用于制作凹凸效果的贴图。

两张贴图制作完成后，进入 Cinema 4D 开始制作印泥的材质，步骤如下。

01 新建"RS 材质"，并重命名为"印泥"；进入"节点编辑器"面板，新建"材质混合器"节点，并连接至"输出"的"表面"端口，如图 8-68 所示。

02 把"基底属性 > 预设"设置为"塑料"，如图 8-69 所示。

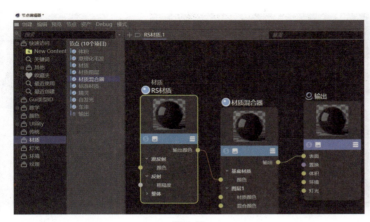

图 8-68　　　　　　　　　　　　　　　图 8-69

03 把"RS 材质"节点连接至"材质混合器"节点的"基底材质 > 颜色"端口；把"漫反射"中颜色的"R、G、B"均设置为 60，如图 8-70 所示。

04 把"反射 > 粗糙度"设置为 0.3，如图 8-71 所示。

05 复制一个"RS 材质"节点，并连接至"材质混合器"节点的"图层 1> 材质颜色"端口，如图 8-72 所示。

06 把新复制的"RS 材质"的"反射 > 权重"设置为 0.5，如图 8-73 所示。

图 8-70

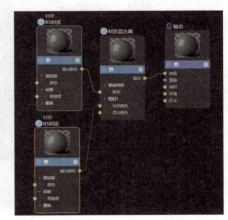

图 8-72

图 8-71

图 8-73

07 把"漫反射 > 颜色"设置为 R：70，G：14，B：14，如图 8-74 所示。

08 把"印泥 uv 修正版"图片拖曳进"节点编辑器"面板，并连接至"材质混合器"节点的"图层 1> 混合颜色"端口，如图 8-75 所示。

把"印泥"材质赋予"印泥"对象后，在 RS 预览视图中可以看到深红色的"颜料"材质和深灰色的"塑料"材质已经区分开，如图 8-76 所示。

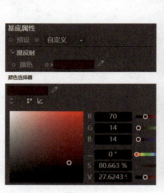
图 8-74

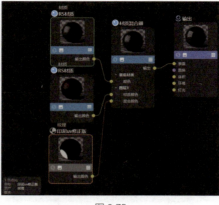
图 8-75

图 8-76

09 新建"凹凸贴图"节点，并连接至下方"RS 材质"节点的"整体 > 凹凸贴图"端口，如图 8-77 所示。

10 把"印泥凹凸贴图"图片拖曳进"节点编辑器"面板，连接至"凹凸贴图"节点的"纹理 > 输入"端口。凹凸痕迹的深浅可以在"凹凸贴图"节点的"纹理 > 高度缩放"中调整，数值越大效果越强，本案例中设置为 0.5 即可，如图 8-78 所示。

图 8-77

图 8-78

完成后在 RS 预览视图中可以看到"颜料"部分的材质出现了"花朵"的图案凹凸效果，如图 8-79 所示。

至此，印章的材质和贴图全部制作完成，把 3 个模块（盖子、按压器、印泥）执行"群组对象"（快捷键 Alt+G）命令后，新建"细分曲面"为父级对象，并重命名为"印章 1"，如图 8-80 所示。

图 8-79

图 8-80

读者可以添加简单的 RS 穹顶光和 RS 物理阳光以方便观察效果，如图 8-81 所示。

图 8-81

根据视频脚本，后续动画还需要用到其余 4 个不同外观颜色和图案的印章，因此我们通过复制和修改"印章 1"对象和材质即可获得另外 4 个印章，步骤如下。

01 复制"印章 1"对象，并重命名为"印章 2"，如图 8-82 所示。

02 在"材质管理器"面板复制"按压器"材质，并重命名为"按压器 2"，如图 8-83 所示。把"按压器 2"材质替换掉"印章 2"对象下的子级对象"盖子""按压器"对象原材质，如图 8-84 所示。

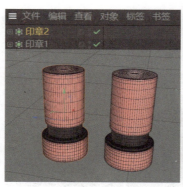

图 8-82

图 8-83

图 8-84

03 使用 Photoshop 打开"按压器花朵 .jpg"文件，把"花朵"图案删除，替换成"心形"图案后另存为"按压器图案 2.jpg"文件，如图 8-85 所示。

04 进入"按压器 2"材质的"节点编辑器"面板，用"按压器图案 2"纹理节点替换掉"按压器花朵"纹理节点，如图 8-86 所示。

图 8-85

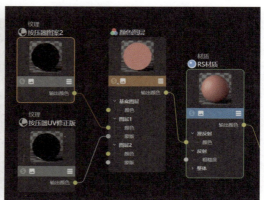

图 8-86

05 单击"颜色图层"节点,把"基底图层>颜色"设置为 R:255,G:200,B:135。完成后在 RS 预览视图中可以看到"印章 2"已经修改好贴图和外观颜色,如图 8-87 所示。

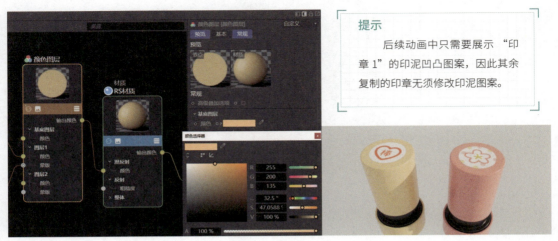

> **提示**
> 后续动画中只需要展示"印章 1"的印泥凹凸图案,因此其余复制的印章无须修改印泥图案。

图 8-87

06 重复上述步骤,制作另外 3 张不同图案的贴图,如图 8-88 所示。

07 复制 3 个"印章 2"对象,并按顺序重命名,如图 8-89 所示。

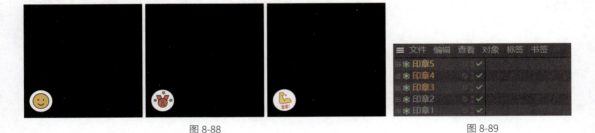

图 8-88　　　　　　　　　　　　　　　图 8-89

08 复制 3 个"按压器 2"材质,并按顺序重命名,分别赋予对应名称的对象,如图 8-90 所示。

图 8-90

09 分别打开 3 个材质(按压器 3/4/5),替换成对应名称的图案,如图 8-91 所示。

图 8-91

(10) 单击"颜色图层"节点，将"基底图层 > 颜色"设置为 R：28，G：103，B：169，如图 8-92 所示。读者也可根据自己的喜好选择颜色。

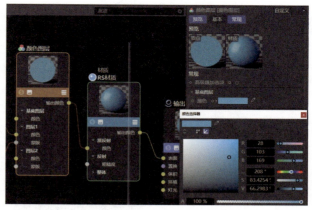

图 8-92

完成新复制的 3 个印章材质贴图调整后，在 RS 预览视图中可以看到，我们拥有了 5 个不同颜色和图案的印章，如图 8-93 所示。

图 8-93

(11) 执行"菜单 > 渲染 > 编辑渲染设置"命令（快捷键 Ctrl+B），在"渲染设置"面板中把"宽度"设置为 900，"高度"设置为 1200，勾选"锁定比率"，如图 8-94 所示。

(12) 执行"菜单 > 文件 > 保存项目"命令，保存名为"印章单体 .c4d"，如图 8-95 所示。

图 8-94

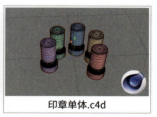

图 8-95

读者无须在当前项目文件中仔细调整材质颜色和灯光，效果图仅供参考使用。

当前文件只是作为印章模型的根文件，方便后续制作动画时从该文件调用模型与材质，最终效果的材质与灯光效果需要在动画文件中补充完成。

8.4 分镜与动画场景

8.4.1 分镜 1：克隆动画

在制作动画前，需要先创建文件副本，用于每个分镜独立项目，从而避免相互影响。

使用 Cinema 4D 打开"印章单体 .c4d"文件后，执行"菜单 > 文件 > 保存 > 另存项目为 ..."命令，另存项目名为"印章动画分镜 1.c4d"，如图 8-96 所示。

打开"印章动画分镜 1.c4d"文件，如图 8-97 所示，分镜 1 的动画将在当前文件内制作。

图 8-96

图 8-97

1. 分镜 1 动画

根据视频脚本的要求，分镜 1 需要制作一段 2 秒钟的动画，我们将使用 Cinema 4D 运动图形功能中的克隆功能来完成制作，步骤如下。

01 新建"克隆"作为 5 个印章对象的父级，如图 8-98 所示。

02 单击"克隆"对象，在"属性"面板中设置其参数："模式"为"放射"，"半径"为 160cm，"结束角度"为 260°，如图 8-99 所示。

图 8-98

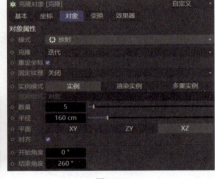
图 8-99

在透视视图中可以看到，5 个印章按照圆形的路径摆放在一起，如图 8-100 所示。

接下来设置"结束角度"为 360°时，则摆放成圆形。

图 8-100

03 在"时间轴"面板中将"结束帧"设置为 60F，并确保"播放指针"位于开头（0F）处，如图 8-101 所示。

图 8-101

> **提示**
> 根据视频脚本的设定，本项目视频帧率为 30 帧 / 秒，因此 60F=2 秒。

04 单击"结束角度"和"偏移"左侧的小点,设置"关键帧",如图 8-102 所示。

05 按住鼠标左键,把"时间轴"面板上的"播放指针"拖动到结尾(60F)处,如图 8-103 所示。

06 把"结束角度"设置为 360°,"偏移"设置为 120°,接着单击这两项参数左侧的小点,设置"关键帧",如图 8-104 所示。

图 8-102　　　　　　　　　图 8-103　　　　　　　　　图 8-104

"关键帧"用于记录当前"帧"物体的状态,因此需要严格按照以下步骤顺序操作。

01 移动"播放指针"到对应位置。

02 修改参数。

03 记录"关键帧"。

完成后执行"菜单 > 窗口 > 时间线窗口(摄影表)"命令(快捷键 Shift+F3),可以看到已记录"关键帧"的对象的时间线状态,黄色小方块即为关键帧,如图 8-105 所示。

此时单击"时间轴"面板的"播放"按钮,即可在视图中看到印章的动画,如图 8-106 所示。

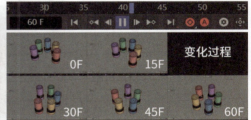

图 8-105　　　　　　　　　　　　　　图 8-106

2. 场景和灯光

接下来制作场景和灯光,步骤如下。

01 新建"平面"对象,把"宽度"和"高度"均设置为 4000cm,"宽度分段"和"高度分段"均设置为 1,"方向"为 +Y,如图 8-107 所示。

02 使用"移动"工具,通过四视图观察和调整"平面"的位置,使其与印章底部尽可能地贴合,如图 8-108 所示。

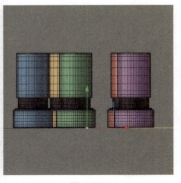

图 8-107　　　　　　　　　图 8-108

03 新建"RS相机"并进入摄像机视角,在"对象"选项卡中把"焦距(mm)"设置为80,如图8-109所示。

04 在RS视图中调整画面角度,使印章模型处于画面中心位置,摄像机为俯视角度,如图8-110所示。

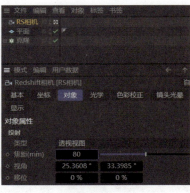

图8-109

图8-110

05 新建"RS穹顶光"对象,如图8-111所示。

图8-111

06 新建"RS区域光"对象,在"对象"选项卡中,把"强度"设置为10,"区域形状"设置为"圆盘","尺寸X""尺寸Y"均设置为450cm,如图8-112所示。

07 把"RS区域光"放置在印章模型的正顶部,如图8-113所示。高度越低,则越亮。

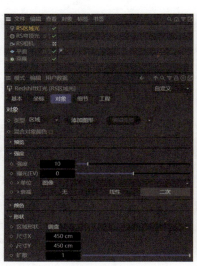

图8-112

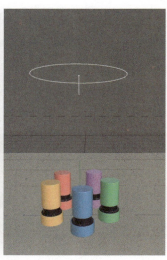

图8-113

08 新建"RS区域光.1"对象,在"对象"选项卡中,把"强度"设置为20,"尺寸X"设置为600cm,"尺寸Y"设置为250cm,如图8-114所示。

09 把"RS区域光.1"移动到印章模型的右侧前方,如图8-115所示。

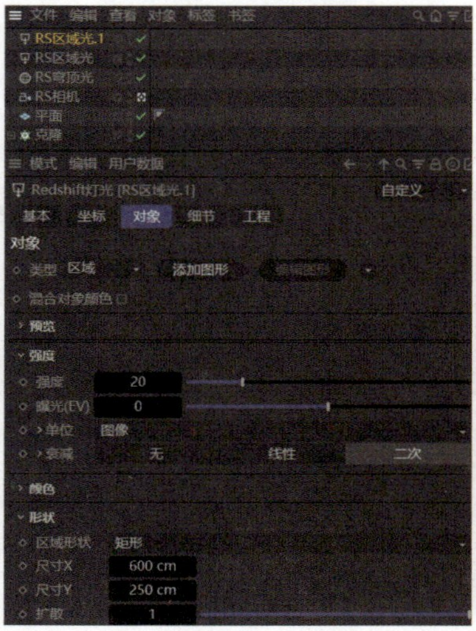

图8-114

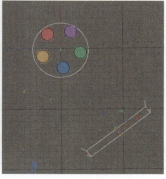

图8-115

在 RS 预览视图中可以看到印章模型已被灯光照亮，如图 8-116 所示。对于儿童产品的图片设计，可以通过减少阴影对比，让画面更偏向于明亮丰富。

图 8-116

⑩ 新建"RS 材质"并赋予"平面"对象，把"基底属性 > 漫反射 > 颜色"设置为 R：254，G：207，B：154，如图 8-117 所示。

⑪ 把"反射 > 粗糙度"设置为 0.2，"反射 >IOR"设置为 1，如图 8-118 所示。

⑫ 单击"RS 区域光 .1"对象，在"工程"选项卡中把"模式"设置为"排除"，"对象"选择"平面"，如图 8-119 所示。

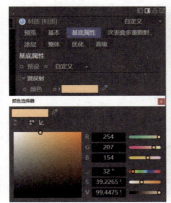

图 8-117

图 8-118

图 8-119

完成后在 RS 预览视图的效果如图 8-120 所示。

图 8-120

第 8 章　主图视频与实战：多彩印章动画　｜　161

3. 丰富画面视觉效果

除了制作模型自身的动画,还需要配合镜头的调度来丰富画面的视觉效果。可以为"RS 相机"制作"关键帧"来控制镜头的移动,步骤如下。

01 新建"空白"对象,把"空白"对象放置在 5 个印章模型的中心,如图 8-121 所示。可以在三视图中确认其是否位于中心处。

02 单击鼠标右键为"RS 相机"对象添加"动画标签 > 目标";单击"目标"标签,在"属性"面板中把"目标对象"设置为"空白",如图 8-122 所示。

03 此时"RS 相机"将对准"空白"对象所处的位置,如需调整相机画面角度,可以通过移动"空白"对象的位置来实现,如图 8-123 所示。

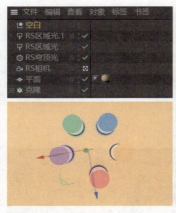
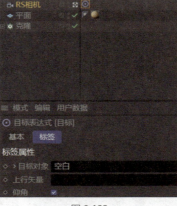

图 8-121　　　　　　　　　　图 8-122　　　　　　　　　　图 8-123

04 在"时间轴"面板中,把"播放指针"移动到 0F 处,接着单击"记录活动对象"按钮,如图 8-124 所示。该功能会自动把所选对象(RS 相机)当前位置、旋转、缩放的参数全部记录为"关键帧"。

图 8-124

05 把"播放指针"移动到 60F 处,接着对"RS 相机"的"Y 轴(绿色)"按住鼠标左键往视图下方拖动 150~250cm,如图 8-125 所示。

06 观察"RS 相机"的视觉效果,如图 8-126 所示,让画面略微比 0F 的时候偏正视视觉即可。

07 单击"记录活动对象"按钮,完成对"关键帧"的记录,如图 8-127 所示。

图 8-125　　　　　　　　图 8-126　　　　　　　　图 8-127

08 执行"菜单＞窗口＞时间线窗口（摄影表）"命令（快捷键 Shift+F3），如图 8-128 所示。查看"RS 相机"是否已完成对"关键帧"的记录，同时也可通过"播放"功能，观察相机是否产生位移。

09 单击工具栏中的"函数曲线模式"按钮，如图 8-129 所示。

图 8-128　　　　　　　　　图 8-129

10 选择（快捷键 Ctrl+A）所有对象和关键帧，接着单击工具栏中的"线性"按钮，如图 8-130 所示。"线性插值"可以让动画的时间线全部"拉直"，从而消除"缓入缓出"的效果，让动画衔接更加流畅。

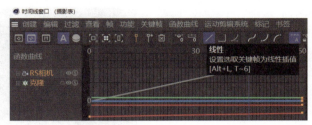

图 8-130

至此，分镜 1 的全部动画制作完毕，如图 8-131 所示。读者可以根据画面需求，再微调灯光和材质颜色，然后保存文件，等待其余分镜项目制作完毕后统一渲染。

图 8-131

8.4.2　分镜 2：位移动画

使用 Cinema 4D 打开"印章单体.c4d"文件后，单击"菜单＞文件＞保存＞另存项目为…"，另存项目名为"印章动画分镜 2.c4d"，如图 8-132 所示。

打开"印章动画分镜 2.c4d"文件，接下来分镜 2 的动画将在当前文件内制作，如图 8-133 所示。

图 8-132　　　　　　　　　图 8-133

1. 分镜 2 动画

根据视频脚本的要求，分镜 2 需要制作一段 4 秒钟的动画，步骤如下。

01 把"印章 4""印章 5"两个对象删除，保留剩余的 3 个印章对象，如图 8-134 所示。

02 为 3 个印章对象各自添加"克隆"效果器，如图 8-135 所示。

图 8-134　　　　　　图 8-135

03 按住 Ctrl 键同时选择 3 个"克隆"对象，在"属性"面板的"对象"选项卡中，把"模式"设置为"线性"，"数量"设置为 8，"位置 .Y"设置为 250cm，如图 8-136 所示。

04 在"变换"选项卡中把"旋转 .B"设置为 45°，如图 8-137 所示。

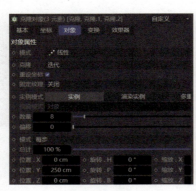 

图 8-136　　　　　　图 8-137

05 新建"RS 相机"对象，把"焦距（mm）"设置为 80，如图 8-138 所示。进入摄影机视角，通过 RS 相机视角观察，效果如图 8-139 所示。

06 选择"蓝色（左侧）"印章对象，把鼠标放在"Z 轴（蓝色）"上，长按鼠标往左边拖动 100cm；"粉色（右侧）"印章对象则往右边拖动 100cm，如图 8-140 所示。

07 选择"黄色（中间）"印章对象，把鼠标放在"Y 轴（绿色）"上，长按鼠标往左边拖动 150cm，如图 8-141 所示。

图 8-138　　　　　　图 8-139

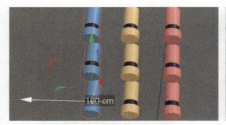 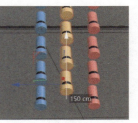

图 8-140　　　　　　图 8-141

08 按住 Ctrl 键同时选择 3 个"克隆"对象，在"属性"面板的"坐标"选项卡中，单击"冻结变换 > 冻结全部"按钮，如图 8-142 所示。

冻结变换后，"克隆"的坐标、旋转、缩放全部恢复成默认值，如图 8-143 所示。

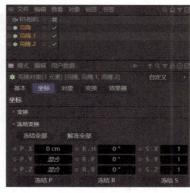
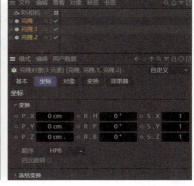

图 8-142　　　　　　　　　图 8-143

09 确保"时间轴"面板中的"播放指针"位于 0F 后，选择"克隆（右侧印章）""克隆 .2（左侧印章）"两个对象，单击 P.Y 左侧红点，记录"关键帧"，如图 8-144 所示。

10 把"结束帧"设置为 120F，将"播放指针"移动到 80F，如图 8-145 所示。

11 把 P.Y 设置为 −500cm，单击左侧红点，记录"关键帧"，如图 8-146 所示。

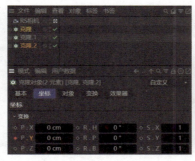

图 8-144　　　　　　　　　图 8-145

图 8-146

12 将"播放指针"移动到 120F，设置 P.Y 为 −600cm，单击左侧红点，记录"关键帧"，如图 8-147 所示。

13 将"播放指针"移动到 0F 后，选择"克隆 .1（中间印章）"对象，单击 P.Y 左侧红点，记录"关键帧"，如图 8-148 所示。

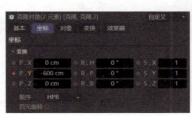
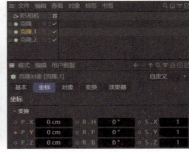

图 8-147　　　　　　　　　图 8-148

14 将 P.Y 设置为 500cm，单击左侧红点，记录"关键帧"，如图 8-149 所示。

15 将"播放指针"移动到 80F，设置 P.Y 为 500cm，单击左侧红点，记录"关键帧"，如图 8-150 所示。

16 将"播放指针"移动到 120F，设置 P.Y 为 600cm，单击左侧红点，记录"关键帧"，如图 8-151 所示。

图 8-149　　　　　　图 8-150　　　　　　图 8-151

第 8 章　主图视频与实战：多彩印章动画 | 165

完成后打开"时间线窗口(摄影表)"(快捷键 Shift+F3),可以看到 3 个克隆对象各自在 0F、80F、120F 处都记录了"关键帧",如图 8-152 所示。

图 8-152

⑰ 当"播放指针"位于 80F 时,通过视图可以看到画面效果如图 8-153 所示。

⑱ 选择"克隆.1"的子级对象"盖子",单击"冻结全部"按钮,如图 8-154 所示。

⑲ 将"播放指针"移动到 70F,单击 P.Y 左侧红点,记录"关键帧",如图 8-155 所示。

⑳ 将"播放指针"移动到 110F,设置 P.Y 为 100cm,单击左侧红点,记录"关键帧",如图 8-156 所示。

图 8-155

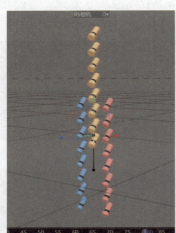

图 8-153   图 8-154   图 8-156

㉑ 当"播放指针"位于 110F 时,通过视图可以看到画面效果如图 8-157 所示。

㉒ 将"播放指针"移动到 0F,并调整"RS 相机"的视角,使其处于印章整体的中间,如图 8-158 所示。

㉓ 调整到合适的视角后,冻结"RS 相机"的全部变换参数,如图 8-159 所示。

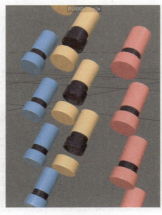
图 8-157

图 8-158

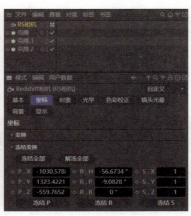
图 8-159

(24) 把 R.B 设置为 –10°，单击 R.B、P.Z 左侧红点，记录"关键帧"，如图 8-160 所示。

(25) 将"播放指针"移动到 120F，设置 P.Z 为 260cm，R.B 设置为 –15°，如图 8-161 所示。

图 8-160

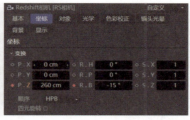

图 8-161

提示

读者可以根据画面视觉效果调整具体的参数，该步骤数值仅供参考。

(26) 打开"时间线窗口（函数曲线）"（快捷键 Shift+Alt+F3），选择（快捷键 Ctrl+A）所有关键帧，并设置为"线性"，如图 8-162 所示。

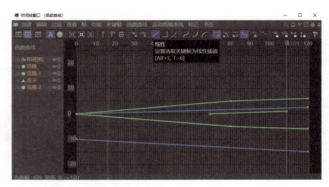

图 8-162

至此，我们完成了镜头 2 所有的物体对象和相机的动画，单击"播放"按钮即可观察动画效果，如图 8-163 所示。

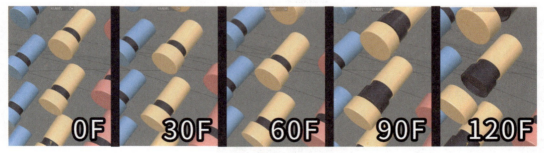

图 8-163

2. 场景和灯光

接下来开始布置场景和灯光，步骤如下。

(01) 新建"平面"对象，参数设置："宽度"为 10000cm，"高度"为 10000cm，"宽度分段"为 1，"高度分段"为 1，"方向"为 +Y，如图 8-164 所示。

图 8-164

02 将R.B设置为-30°，并调整其位于"印章"的后方，如图8-165所示。

03 新建"RS自发光"材质，把"强度倍增"设置为2，并赋予"平面"对象，如图8-166所示。

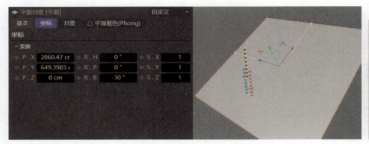
图8-165

图8-166

在RS预览窗口中可以看到背景被"平面"对象覆盖，并产生自发光，同时照亮印章模型，如图8-167所示。

图8-167

04 新建"RS穹顶光"，将"强度"设置为0.5，如图8-168所示。

05 新建"RS物理阳光"，将"强度"设置为0.8，"日盘比例"设置为15，如图8-169所示。

06 调整"RS物理阳光"的角度，如图8-170所示。读者可以根据画面效果，把光照调整到印章的左侧面，形成明暗对比。

图8-168

图8-169

图8-170

完成灯光设置后,效果(120F)如图 8-171 所示。完成后保存文件,等待其他分镜动画制作完毕。

图 8-171

8.4.3 分镜 3:材质动画

使用 Cinema 4D 打开"印章单体 .c4d"文件后,单击"菜单 > 文件 > 保存 > 另存项目为 ...",另存项目名为"印章动画分镜 3.c4d",如图 8-172 所示。

打开"印章动画分镜 3.c4d"文件,如图 8-173 所示。接下来分镜 3 的动画将在当前文件内制作。

图 8-172

图 8-173

根据视频脚本的要求,分镜 3 需要制作一段 4 秒钟的动画,步骤如下。

01 保留"印章 2"对象,删除其余全部对象。将"盖子"对象在视图和渲染器中隐藏,如图 8-174 所示。完成后视图中的效果如图 8-175 所示。

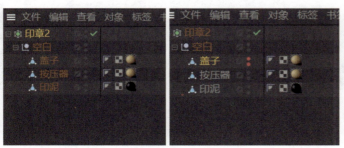

图 8-174

图 8-175

02 新建"平面"对象,参数设置:"宽度"为2500cm,"高度"为3000cm,"宽度分段"为1,"高度分段"为1,"方向"为+Y,如图8-176所示。

03 新建"RS材质",把"基底属性>预设"设置为"纸",如图8-177所示。

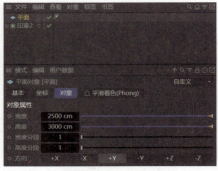
图8-176

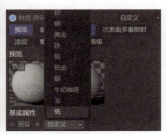
图8-177

04 将"试卷贴图.png"文件作为纹理节点,连接至"RS材质"的"漫反射>颜色"端口,如图8-178所示。

05 新建"凹凸贴图"节点,并连接至"RS材质"的"整体>凹凸贴图"端口,并将"纹理>高度缩放"设置为0.2;把"皱折.JPG"图片作为"纹理"节点连接至"凹凸贴图"节点的"纹理>输入"端口,如图8-179所示。

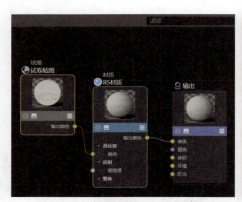
图8-178

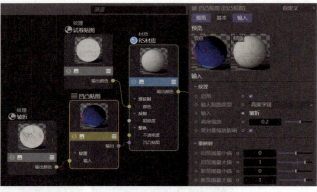
图8-179

06 把制作完成的"RS材质"赋予"平面"对象,并将"长度U""长度V"均设置为50%,如图8-180所示。

在视图中可以根据实际需求,微调贴图的位置,最终效果如图8-181所示。

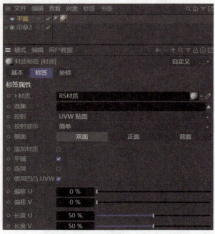
图8-180

图8-181

07 新建"RS 相机",把"焦距(mm)"设置为 80,并进入摄像机视角,如图 8-182 所示。

08 移动"RS 相机",把视图调整至合适的角度和距离,如图 8-183 所示。

图 8-182　　　　　　　　图 8-183

09 新建"RS 穹顶光",将"强度"设置为 0.1,如图 8-184 所示。

10 新建"RS 物理阳光",在"对象"选项卡中把"强度"设置为 0.8,"日盘比例"设置为 12。在"细节"选项卡中把"阴影 > 透明度"设置为 0.5,如图 8-185 所示。

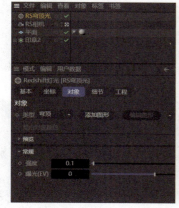

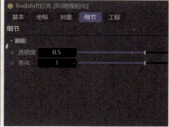

图 8-184　　　　　　　　　　　　图 8-185

完成灯光设置后,打开 RS 预览窗口,调整"RS 物理阳光"的旋转角度,并观察其投影方向,完成后效果如图 8-186 所示。

图 8-186

基础场景制作完毕，接下来开始制作印章与试卷的混合材质，步骤如下。

01 对"平面"对象执行"转为可编辑对象"命令后，打开预览窗口的"顶视图"，如图 8-187 所示。

02 在"线模式"下，使用"循环/路径切割"工具，在"印章"对象边缘进行切线切割，如图 8-188 所示。

03 一共进行 4 次切割，形成"十字"形状，如图 8-189 所示。

图 8-187

图 8-188　　　　图 8-189

04 在"面模式"下选择位于切割中心的"面"，并执行"存储选集"命令，如图 8-190 所示。

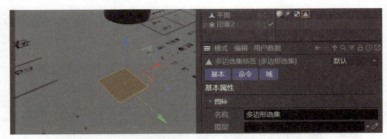

图 8-190

05 新建"RS 材质"，重命名为"混合材质"，并把"基底属性 > 预设"设置为"纸"；新建"颜色图层"节点，连接至"RS 材质"的"漫反射 > 颜色"端口，将"基底图层 > 颜色"设置为 R: 255, G: 255, B: 255，"图层 1> 颜色"设置为 R: 255, G: 11, B: 11，如图 8-191 所示。

图 8-191

06 把"棒图案.png"作为"纹理"节点连接至"颜色图层"节点的"图层 1> 蒙版"端口，如图 8-192 所示。

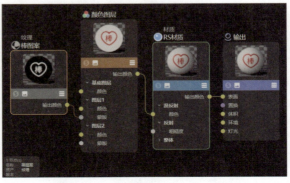

图 8-192

07 把设置好的材质赋予"平面"对象,并把"选集"设置为"多边形选集",如图 8-193 所示。

08 对材质球单击鼠标右键,使用"适合区域"命令,在视图中框选出比选集稍大的区域,如图 8-194 所示。

图 8-193

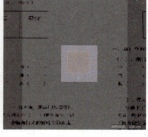
图 8-194

完成后在预览窗口中观察画面效果,图案必须比印章面积小,读者可以多次使用"适合区域"命令来调整图案出现的位置与大小,如图 8-195 所示。

图 8-195

接下来开始制作分镜 3 的动画,步骤如下。

01 把"结束帧"设置为 120F,并确保"播放指针"位于 0F,如图 8-196 所示。

图 8-196

02 把"印章"对象放置于距离"平面"对象 150cm 的上方,如图 8-197 所示。

03 选中"印章 2"及其全部子级对象,单击"冻结全部"按钮,把对象的变换数值全部归零,方便后续对参数进行"关键帧"记录,如图 8-198 所示。

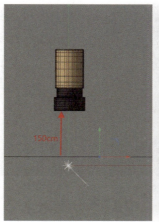
图 8-197

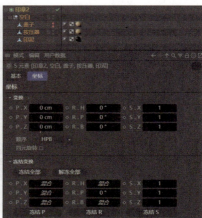
图 8-198

第 8 章 主图视频与实战:多彩印章动画 | 173

04 选择"印章2"对象,在"播放指针"位于0F和90F时,均设置P.Y为0cm,并单击左侧红点,记录"关键帧",如图8-199所示。

05 在"播放指针"位于30F和60F时,均把P.Y设置为-150cm,并单击左侧红点,记录"关键帧",如图8-200所示。

图8-199　　图8-200

完成后打开"时间线窗口(摄影表)"面板,查看4个"关键帧"是否准确记录,如图8-201所示。

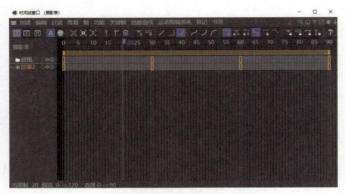

图8-201

06 选择"按压器"对象,在"播放指针"位于20F和60F时,均设置P.Y为0cm,并单击左侧红点,记录"关键帧",如图8-202所示。

07 在"播放指针"位于40F时,把P.Y设置为-20cm,并单击左侧红点,记录"关键帧",如图8-203所示。

图8-202　　图8-203

完成后打开"时间线窗口(摄影表)"面板,查看3个关键帧是否准确记录,如图8-204所示。

此时播放动画,将看到"按压器"在"印章"接触"试卷"时,模拟出被按压的效果,如图8-205所示。

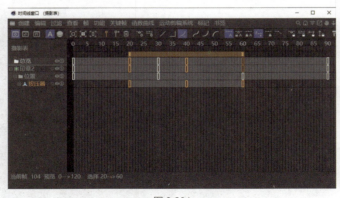 

图8-204　　　　　　　　　　图8-205

08 打开"混合材质",当"播放指针"位于50F时,把"颜色图层"节点里的"图层1>颜色"设置为RGB:255,11,11,并单击左侧红点,记录"关键帧",如图8-206所示。

09 当"播放指针"位于55F时,把"颜色图层"节点里的"图层1>颜色"设置为RGB:255,255,255,并单击左侧红点,记录"关键帧",如图8-207所示。

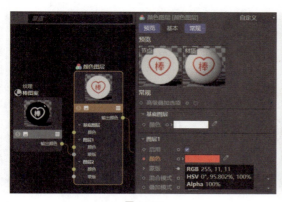
图 8-206

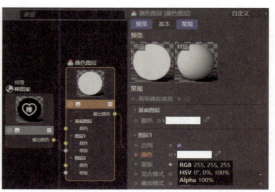
图 8-207

完成后打开"时间线窗口（摄影表）"面板，查看 2 个关键帧是否准确记录，如图 8-208 所示。当"播放指针"位于 90F 时，红色图案出现，如图 8-209 所示。

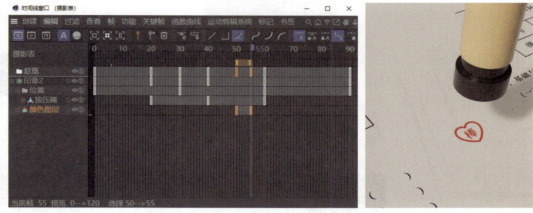
图 8-208　　　　　　　　　　　　　　图 8-209

所有动画"关键帧"完成后，打开"时间线窗口（函数曲线）"面板，选择所有对象和"关键帧"，设置为"线性"，如图 8-210 所示。

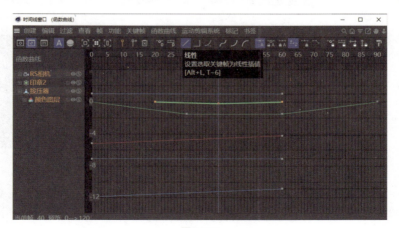
图 8-210

完成后在视图窗口中单击"时间轴"面板中的"播放"按钮，查看动画效果，如图 8-211 所示。

第 8 章　主图视频与实战：多彩印章动画　| 175

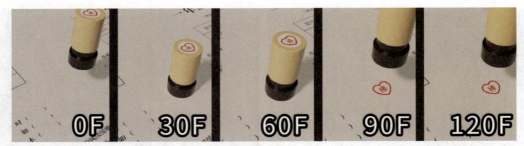

图 8-211

8.4.4 分镜 4：动力学动画

使用 Cinema 4D 打开"印章单体 .c4d"文件后，单击"菜单 > 文件 > 保存 > 另存项目为 ..."，另存项目名为"印章动画分镜 4.c4d"，如图 8-212 所示。

打开"印章动画分镜 4.c4d"文件，如图 8-213 所示。接下来分镜 4 的动画将在当前文件内制作。

图 8-212

图 8-213

根据视频脚本的要求，分镜 4 需要制作一段 3 秒钟的动画，步骤如下。

01 把对象"印章 1""印章 3""印章 4"和"印章 5"执行"群组对象"命令后，重命名为"固定"，如图 8-214 所示。

02 分别调整 5 个印章的位置，注意把"印章 2"（黄色）单独放在右边，如图 8-215 所示。

图 8-214

图 8-215

03 单击"印章 2"对象，并把其"变换 >R.B"设置为 90°，如图 8-216 所示。

图 8-216

04 新建"平面"对象，参数设置："宽度"为 2500cm，"高度"为 3000cm，"宽度分段"为 1，"高度分段"为 1，"方向"为 +Y，如图 8-217 所示。

05 新建"平面"对象并重命名为"地面"，参数设置："宽度"为 5000cm，"高度"为 5000cm，"宽度分段"为 1，"高度分段"为 1，"方向"为 +Y，如图 8-218 所示。

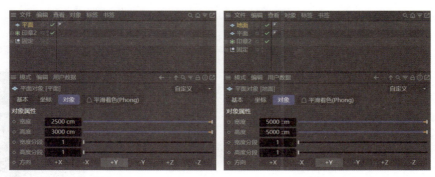

图 8-217　　　　　　　　　　　　图 8-218

06 在视图中调整"印章"和"平面"的位置,把"印章"放置于"平面"上方,使两者尽量贴合,把"地面"放置于"平面"下方,使两者尽量靠近且避免重叠,如图 8-219 所示。

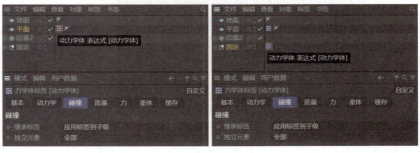

图 8-219

07 分别对"平面"和"固定"两个对象单击鼠标右键,添加"子弹标签>碰撞体",如图 8-220 所示。

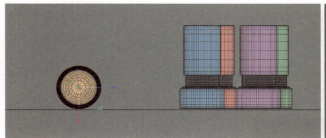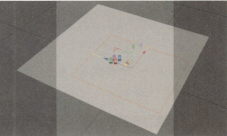

图 8-220

08 对"印章2"对象单击鼠标右键,添加"子弹标签>刚体"标签,并把"碰撞>独立元素"设置为"关闭",如图 8-221 所示。

09 在"动力学"选项卡中,勾选"自定义初速度"选项,设置"初始线速度"为 0cm、0cm、250cm,如图 8-222 所示。

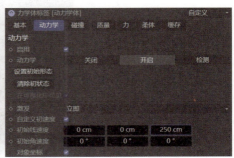

图 8-221　　　　　　　　　　　　图 8-222

⑩ 在"时间轴"面板中单击"播放"按钮,当"播放指针"位于 90F 时,黄色印章便会"滚动"到其他 4 个印章处,并形成轻微的碰撞,如图 8-223 所示。

> 提示
>
> 读者需要注意,"动力学"标签是 Cinema 4D 根据现实生活中的物理学模拟出来的动画,因此动画会受到多种物理条件的影响。读者可以根据项目的实际情况,在 Cinema 4D 中,通过修改如"初始线速度""反弹"和"摩擦力"等参数来使动画变得更加符合项目的预期。把"摩擦力"设置为 70%,可以让印章更轻松地"滚动"起来,如图 8-224 所示。

图 8-223

图 8-224

⑪ 调整完动力学参数后,单击"刚体"标签,在"缓存"选项卡中单击"全部烘焙"按钮,把动画缓存成数据,如图 8-225 所示。

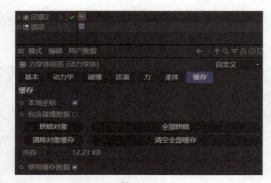

图 8-225

> 提示
>
> 缓存成功后,无须在"时间轴"面板中单击"播放"按钮,即可通过拖动"播放指针"来预览动画,方便我们观察每一帧的画面效果。

⑫ 新建"RS 材质",把"基底属性 > 预设"设置为"纸",如图 8-226 所示。

⑬ 把"试卷(盖章)贴图 .png"文件作为"纹理"节点,连接至"RS 材质"的"漫反射 > 颜色"端口,如图 8-227 所示。

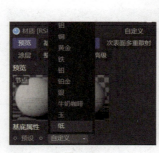

图 8-226

图 8-227

(14) 新建"凹凸贴图"节点,并连接至"RS 材质"的"整体 > 凹凸贴图"端口,并把"纹理 > 高度缩放"设置为 0.2;把"皱折.JPG"图片作为"纹理"节点连接至"凹凸贴图"节点的"纹理 > 输入"端口,如图 8-228 所示。

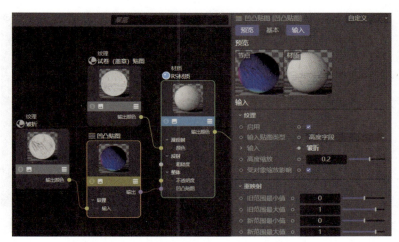

图 8-228

(15) 把制作完成的"RS 材质"赋予"平面"对象,设置"长度 U""长度 V"均为 50%,如图 8-229 所示。读者可以根据画面需求,微调"偏移 U""偏移 V"的参数,使"试卷"贴图更符合预期。

(16) 新建"RS 相机",将"焦距 (mm)"设置为 80,并进入摄像机视角,如图 8-230 所示。

(17) 移动"RS 相机",把视图调整至合适的角度和距离,如图 8-231 所示。

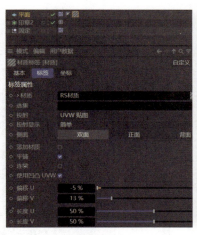

图 8-229

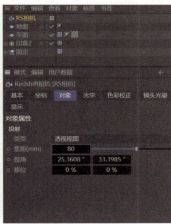

图 8-230

图 8-231

(18) 新建"RS 物理阳光",把"强度"设置为 0.8,"日盘比例"设置为 12,如图 8-232 所示。在"细节"选择卡中把"阴影 > 透明度"设置为"0.1",如图 8-233 所示。

图 8-232　　　　　　图 8-233

第 8 章　主图视频与实战:多彩印章动画 | 179

⑲ 新建"RS 穹顶光",把"强度"设置为 0.3,如图 8-234 所示。调整"RS 物理阳光"的角度,使其从左上方照射,如图 8-235 所示。

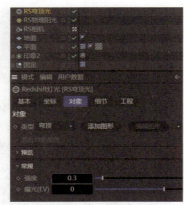

图 8-234

图 8-235

⑳ 在"RS 相机"的"光学"选项卡中,把"景深 > 投射"设置为"印章 2> 空白 > 盖子"对象,勾选"Bokeh",把"画幅"设置为 0.07,如图 8-236 所示。在预览视图中可以看到模拟景深的效果,远处"试卷"的字迹变得相对模糊,如图 8-237 所示。

㉑ 新建"RS 材质",设置"基底属性 > 漫反射 > 颜色"为 R:247,G:208,B:147,并赋予"地面"对象,如图 8-238 所示。

图 8-236

图 8-237

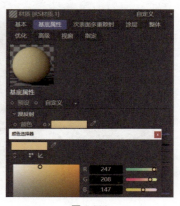

图 8-238

完成后在视图窗口中单击"时间轴"面板中的"播放"按钮,查看动画效果,如图 8-239 所示。

图 8-239

8.5 渲染设置

8.5.1 动画渲染参数设定

打开"印章动画分镜 1""印章动画分镜 2""印章动画分镜 3"和"印章动画分镜 4"项目文件，并分别执行以下操作（截图以"印章动画分镜 1"为例）。

01 使用快捷键 Ctrl+B 打开"渲染设置"面板，进入 Redshift 选项卡，设置"采样 > 渐进次数"为 300，开启"降噪 > 启用"选项，"引擎"设置为"Altus 单"，如图 8-240 所示。

02 在"输出"选项卡中，把"帧范围"设置为"全部帧"，如图 8-241 所示。

图 8-240　　　　　　　　　　　图 8-241

03 在"保存"选项卡中勾选"常规图像 > 保存"选项，并在"文件"框内选择保存的位置，"格式"设置为 JPG，如图 8-242 所示。

在 Cinema 4D 中进行动画渲染，如果选择保存为 JPG 和 PNG 等图片格式，每一帧画面会被渲染为单张图片（称为"序列帧"）。建议把保存位置设置为单独的文件夹，如"分镜 1"文件夹，只保存"印章动画分镜 1"项目的序列帧图像，避免和其他项目所渲染的图片混合，如图 8-243 所示。

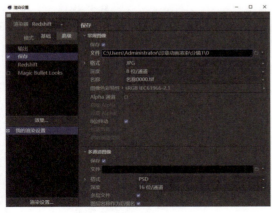

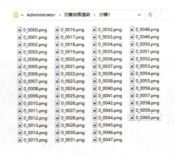

图 8-242　　　　　　　　　　　图 8-243

04 完成渲染设置后，单击"顶部菜单 > 渲染 > 添加到渲染队列 ..."，把当前项目文件添加为"待渲染"，如图 8-244 所示。

05 对其余项目文件分别执行上述步骤后，打开"渲染队列"面板，可以看到 4 个分镜动画文件都位于队列中，如图 8-245 所示。

图 8-244

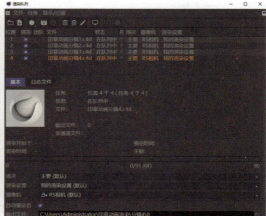
图 8-245

06 单击"开始渲染"按钮，Cinema 4D 将会自动按顺序执行"渲染"命令，对所有队列中的文件进行渲染，如图 8-246 所示。

图 8-246

"渲染队列"和直接使用"渲染"不同的地方在于，前者可以把 Cinema 4D 中多个文件添加进渲染队列中，便于观察每个文件的渲染进度。对于动画渲染来说，只需要把每个分镜文件添加到渲染队列，即可让 Cinema 4D 全自动把所有文件渲染，无须对每个文件进行单独点击渲染的操作。

8.5.2　AE 输出与合成

01 打开 Adobe After Effects（简称 AE），新建"合成"，设置参数："宽度"为 900px，"高度"为 1200px，"持续时间"为 0:00:13:00，如图 8-247 所示。

02 单击"确定"按钮后，把"分镜 1""分镜 2""分镜 3"和"分镜 4"文件夹拖入项目文件中，并按顺序排列，注意序列帧图层前后必须无缝衔接，如图 8-248 所示。

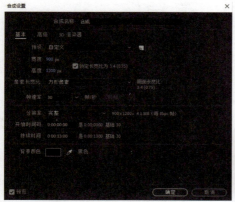
图 8-247　　　　　　　　　　　　　　图 8-248

03 单击"播放"按钮或拖动"播放指针",预览全部动画,如图 8-249 所示。

04 确认动画无误后,单击菜单"文件 > 导出 > 添加到 Adobe Media Encode 队列 ..."，导出格式为"H.264",如图 8-250 所示。

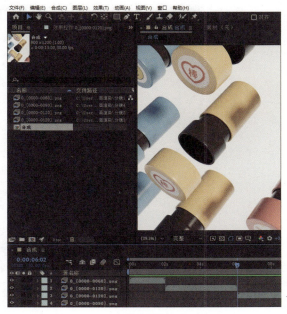

图 8-249

图 8-250

导出完成后,使用播放器播放动画,如图 8-251 所示。

图 8-251

Cinema 4D
电商设计从入门到精通

第 9 章

主图视频与实战：衣服去污动画

本章通过电商主图视频的实战案例练习，帮助读者全面掌握特殊模型建模方法和特殊材质的应用，了解布料、粒子发射等动画表现形式。

9.1 动画脚本设计

本节案例为"衣服去污"动画视频,时长共 14 秒,主要体现清洁粒子去除衣服上的污迹效果,脚本如图 9-1 所示。

镜号	分镜	景别	描述	时长	镜号	分镜	景别	描述	时长
1		全景	白色衣服飘动,衣服上有深绿色污渍	2s	5		中景	细菌全部消失,去污粒子停止发射	2s
2		特写	多个细菌在衣服上晃动	2s	6		近景	布料上已经干净	2s
3		特写	去污粒子开始发射	2s	7		全景	干净的白色衣服飘动	2s
4		近景	更多去污粒子发射,细菌逐渐被带走	2s					

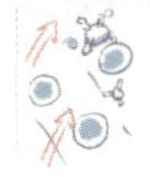

图 9-1

9.2 模型制作

9.2.1 模型分析

本小节以"衣服去污"为主题,案例中涉及 3 个主要场景,分别是:细菌特写、去污粒子和衣服污渍。

"细菌"拥有特殊的外观和材质,可以通过模型拆解为 3 个基础形状,分别是:球体、圆柱体、圆环面。

3 个基础形状之间可以利用体积建模的方法实现平滑融合的效果,即多个物体组合后的缝隙类似于"融球"的效果,有平滑的粘连过渡。

体积建模可以把多个对象合并成像素体,再通过体积网格转换为常见的多边形模型,如图 9-2 所示。

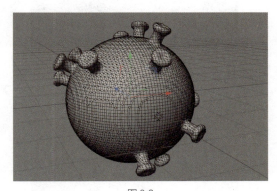

图 9-2

去污粒子可以通过粒子发射器来实现,粒子发射器可以通过发射大量的粒子来模拟烟雾、火花、水流等丰富的视觉效果,并且把粒子替换成任意模型来进行发射,如图 9-3 所示。

污渍衣服可以通过 Cinema 4D 的布料和力场来模拟衣服飘动的感觉,如图 9-4 所示。对于模拟一些需要体现物理性质的生活场景非常方便。

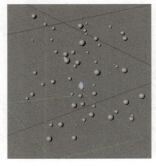

图 9-3

图 9-4

9.2.2 公式建模

本小节将制作衣服细节的模型，步骤如下。

01 单击"顶部菜单 > 创建 > 样条 > 公式"，在"对象"选项卡中进行参数设置：X(t) 为 100.0*t，Y(t) 为 30.0*Sin(t*PI)，Z(t) 为 0.0，Tmin 为 –1，Tmax 为 30，"采样"为 180，如图 9-5 所示。完成后在透视视图展现的效果为波浪线形状，如图 9-6 所示。

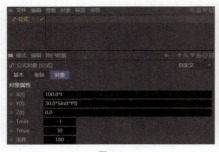
图 9-5

图 9-6

02 复制对象"公式"并把其"坐标"中的 R.B 设置为 –180°，如图 9-7 所示。调整"公式 .1"的位置，使其对齐"公式"对象，如图 9-8 所示。

图 9-7

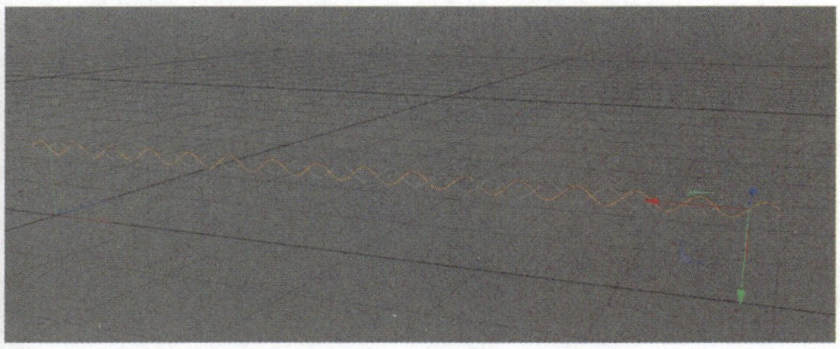

图 9-8

03 新建"克隆"作为"公式"和"公式 .1"对象的父级；把"模式"设置为"线性"，关闭"重设坐标"选项；"数量"设置为 30，"位置 .Z"设置为 96cm，如图 9-9 所示。完成后的效果，如图 9-10 所示。

> **提示**
>
> 需要注意的是，如果样条朝向不一致，会导致克隆后没有样条平铺成功，此时把"位置 .Z"的数值与"位置 .X"的数值交换即可。

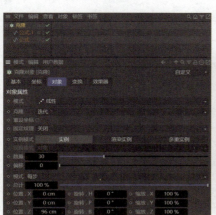
图 9-9

图 9-10

04 新建"顶部菜单 > 运动图形 > 实例",把"对象参考"设置为"克隆",如图 9-11 所示。把 R.H 设置为 90°,如图 9-12 所示。调整位置,使其与"克隆"相交重叠,如图 9-13 所示。

图 9-11

图 9-12

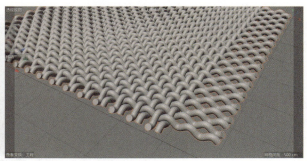

图 9-13

05 新建"连接"作为"实例"和"克隆"的父级对象,如图 9-14 所示。

06 新建"圆环"对象,把"半径"设置为 30cm;新建"扫描"作为"圆环"和"连接"的父级对象,如图 9-15 所示。在三视图中调整"克隆"和"实例"的位置,使样条相互之间穿插,如图 9-16 所示。

图 9-14

图 9-15

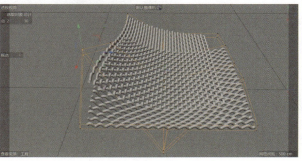

图 9-16

07 新建 FFD 效果器作为"连接"的子级,把"水平网点"设置为 5,"垂直网点"设置为 2,单击"匹配到父级"按钮,如图 9-17 所示。

08 在"点模式"下,使用"框选工具"选中对应的点并拖动,使网格形成中间下陷带有弧度的形状,如图 9-18 所示。

图 9-17

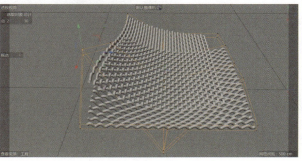

图 9-18

读者可通过三视图观察整体形状，无须与图中形状完全一致，根据实际视觉效果调整即可，如图 9-19 所示。

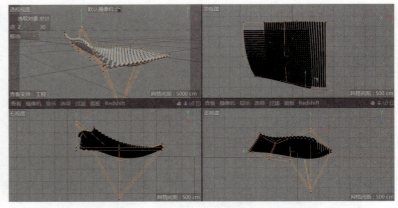

图 9-19

09 把"扫描"重命名为"衣服细节"，最终层级结构和视觉效果如图 9-20 所示。

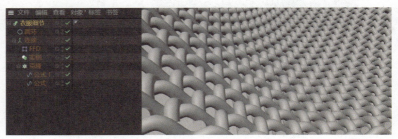

图 9-20

9.2.3 体积建模

本小节将制作"细菌"模型，步骤如下。

01 新建"球体"对象，把"半径"设置为50cm，如图9-21所示。

02 新建"圆柱体"对象，将"半径"设置为10cm，"高度"设置为50cm，如图9-22所示。

图 9-21

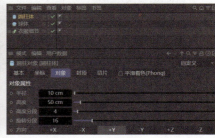

图 9-22

03 新建"圆环面"对象，将"圆环半径"设置为14cm，"导管半径"设置为7cm，如图9-23所示。

04 把"圆环面"放置于"圆柱体"顶部，并与之中心对齐，如图9-24所示。

图 9-23

图 9-24

05 对"圆环面"和"圆柱体"执行"群组对象"命令（快捷键Alt+G）；新建"克隆"作为群组的父级对象，如图9-25所示。将"克隆"的"模式"设置为"对象"，"对象"设置为"球体"，"数量"设置为11，如图9-26所示。在"变换"选项卡中将"旋转.P"设置为-90°，如图9-27所示。完成后的效果图，如图9-28所示。如果"圆柱体"之间相互重叠，可调整"克隆"的"种子"参数来修改。

图 9-25

图 9-27

图 9-26

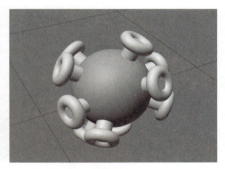

图 9-28

06 新建"体积生成"作为"克隆"和"球体"的父级对象，将"体素尺寸"设置为2cm，单击"SDF平滑"按钮，把"滤镜 > 强度"设置为25%，如图9-29所示。完成后的效果，如图9-30所示。"球体"和"圆柱体""圆环面"融合在一起，生成了新的模型外观形状。

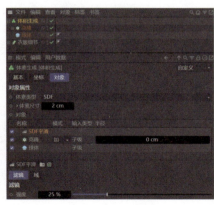

图 9-29

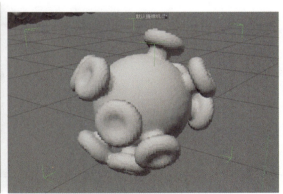

图 9-30

07 新建"体积网格"作为"体积生成"的父级对象，如图9-31所示。

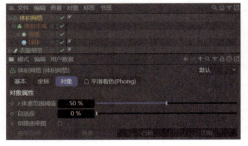

图 9-31

生成网格后的模型，与其他多边形建模结果完全一样，同样由点线面组成，如图 9-32 所示。

图 9-32

9.2.4 场景动画

本小节将"细菌"模型和"衣服细节"模型进行场景搭配并添加对应的动画效果，步骤如下。

01 选中"体积网格"对象，单击鼠标右键执行"当前状态转对象"命令，如图 9-33 所示。把新对象重命名为"病毒"，并把"体积网格"的"视窗可见"和"渲染器可见"关闭，如图 9-34 所示。

图 9-33

图 9-34

02 新建"克隆"作为"病毒"的父级对象；新建"随机"效果器，在"参数"选项卡中将 P.X、P.Y 和 P.Z 分别设置为 18cm、325cm 和 -105cm，勾选"缩放"和"等比缩放"选项，"缩放"设置为 0.33，如图 9-35 所示。在视窗中可见效果，如图 9-36 所示。读者可根据实际情况，调整"随机"效果器的参数，使"病毒"模型相互之间不重叠。

图 9-35

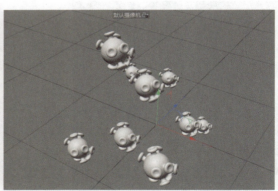
图 9-36

03 单击选中"病毒"对象，单击鼠标右键添加"动画标签>振动"，把"启用位置"下的"振幅"设置为"70cm、50cm、50cm"，"频率"设置为"1"；勾选"启用旋转"，把"振幅"设置为"30°、25°、20°"，"频率"设置为"1"，如图 9-37 所示。

图 9-37

04 单击选中"克隆",单击鼠标右键执行"转为可编辑对象"命令,如图9-38所示,执行成功后将获得9个"病毒"对象。完成后把"随机"效果器删除。

05 把"病毒1"对象的"振动"标签"种子"设置为1,"病毒2"的设置为2,以此类推,修改"病毒"1~8的种子数值,如图9-39所示。每个"病毒"的振动效果都互不相同,如图9-40所示。

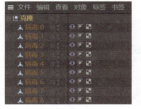

图9-38

图9-39

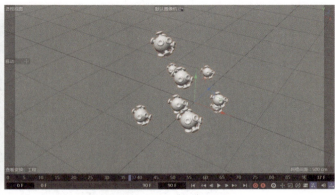

图9-40

06 单击选择"病毒"对象的父级"克隆",移动到网格上方;在"时间轴"面板中,把"播放指针"拖动至120F,随后单击"记录活动对象"按钮,如图9-41所示。

07 把"播放指针"拖动至240F,随后把"克隆"往Y轴方向拖动约700cm(无须精确数值),如图9-42所示。"克隆"的S.X、S.Y和S.Z均设置为0,随后单击"记录活动对象"按钮,如图9-43所示。

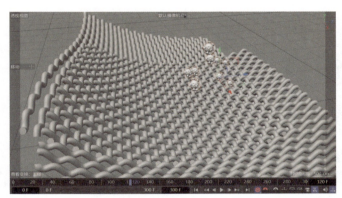

图9-41

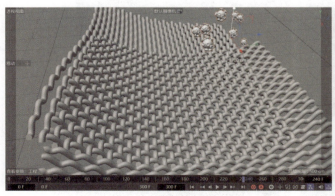

图9-42

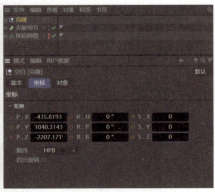

图9-43

完成后单击"顶部菜单>窗口>时间线窗口（摄影表）"面板，可以看到设置完成的"关键帧"，如图9-44所示。

在"时间轴"面板上单击"播放"按钮，效果如图9-45所示。随着时间变化，"病毒"逐渐上升和变小，最终消失在画面中。

图 9-44

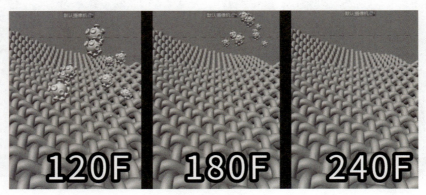

图 9-45

9.3 粒子发射器

本节将使用粒子发射器模拟去污粒子的效果，步骤如下。

01 单击"顶部菜单>模拟>发射器"，在"发射器"选项卡中将"水平尺寸"和"垂直尺寸"均设置为2000cm，如图9-46所示。在"坐标"选项卡中将R.P设置为90°，如图9-47所示。在"粒子"选项卡中，进行参数设置："视窗生成比率"为40，"渲染器生成比率"为40，"投射起点"为120F，"投射终点"为270F，如图9-48所示。

图 9-46

图 9-47

图 9-48

单击"播放"按钮,在视窗中可以看到粒子以缓慢的速度发射出来,如图 9-49 所示。

图 9-49

02 新建"球体","半径"设置为 30cm,并放置于"发射器"的子级,如图 9-50 所示。

给"球体"对象增加"置换"效果器,把"着色器"设置为"噪波",如图 9-51 所示。单击"噪波"图案,进入详情面板,将"全局缩放"设置为 800%,如图 9-52 所示。

图 9-50

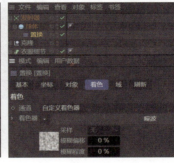

图 9-51

图 9-52

03 将"粒子发射器"的"速度"设置为 600cm,"终点缩放"设置为 2,"变化"设置为 25%,勾选"显示对象",如图 9-53 所示。

完成后单击"播放"按钮,粒子将替换成"球体"进行发射,并且随着粒子远离发射器,将会逐渐变小,如图 9-54 所示。

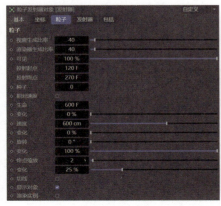

图 9-53

图 9-54

04 把"发射器"移动到"衣服细节"模型下方,如图 9-55 所示。

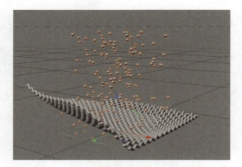

图 9-55

完成后单击"播放"按钮,效果如图 9-56 所示。随着清洁粒子穿过,"细菌"逐渐被消灭,直至完全消失。单击"顶部菜单 > 文件 > 保存项目",保存文件为"细菌场景 .c4d"。

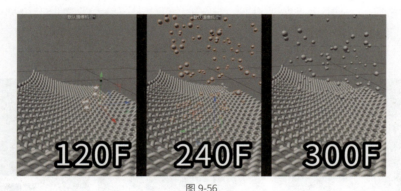

图 9-56

9.4 布料动力学

Cinema 4D 中的布料功能可以用来模拟和渲染各种布料材质的效果,例如旗帜、衣物、桌布等。通过使用布料功能,可以给静态的物体赋予动态的效果,例如弯曲、拉伸、折叠、飘动等物理特性,以及与其他物体的碰撞和交互作用,使其看起来更加真实和生动。这对于制作动态视频场景非常有用,能够增加场景的真实感和细节。

本节使用布料模拟功能来完成衣服动态画面,步骤如下。

01 打开源文件"衣服 .c4d",选择"衣服"对象,单击鼠标右键为其添加"模拟标签 > 布料",如图 9-57 所示。

02 选择"衣架"对象,单击鼠标右键为其添加"模拟标签 > 碰撞体",并关闭其"视窗可见"和"渲染器可见",如图 9-58 所示。

图 9-57

图 9-58

提示

读者需要注意,隐藏对象并不会影响其动力学属性,如步骤 2 中,虽然"衣架"隐藏了,但其依旧会和"衣服"产生物理交互。

03 单击打开"属性"面板中的"菜单＞模式＞工程"选项,在"模拟"选项卡中,将"重力"设置为 –20cm,"时间缩放"设置为 0.8,如图 9-59 所示。

图 9-59

> **提示**
>
> 重力为"负数"时,表示场景中的所有物体将受到下坠重力的影响,数值越大,引力越强;重力为"正数"时,则物体获得升力。
>
> 时间缩放可以将物体变化过程进行加速或慢放,便于制作有趣的场景,如电影中常见的慢动作场景。

04 新建"顶部菜单＞模拟＞力场＞风力",如图 9-60 所示。把"风力"的 R.H 设置为 –60°,并在视窗中移动,放置于"衣服"的前方左侧,如图 9-61 所示。

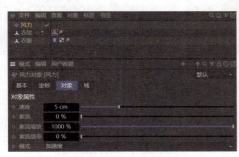

图 9-60

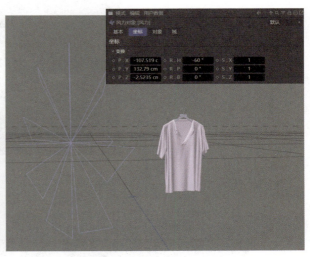

图 9-61

"风力"的"位置"远近和"强度"大小会影响"衣服"的动画效果,读者可根据实际情况调整。完成后的最终效果如图 9-62 所示。

图 9-62

9.5 灯光与材质

9.5.1 灯光布置

打开"衣服.c4d"文件中，为场景添加灯光，步骤如下。

01 新建"RS穹顶光"，"强度"设置为0.8，"纹理"设置为"venice_sunset_4k.hdr"，"饱和度"设置为0；把"衣架"对象设置为"视图可见"和"渲染器可见"，如图9-63所示。

02 新建"RS物理阳光"，将"强度"设置为0.6，"日盘比例"设置为10，"饱和度"设置为0，如图9-64所示。

图 9-63

图 9-64

03 新建"平面"对象，设置参数："宽度"为900cm，"高度"为600cm，"宽度分段"为1，"高度分段"为1，"方向"为+Y，如图9-65所示。放置于"衣服"后面，略微倾斜，如图9-66所示。

图 9-65

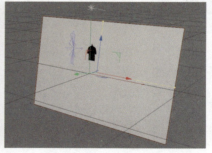
图 9-66

04 复制"平面"对象为"平面.1"，将"宽度"设置为400cm，"高度"设置为150cm，如图9-67所示。放置于"衣服"前，调整其位置，如图9-68所示。

图 9-67

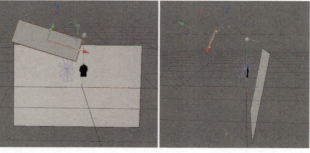
图 9-68

05 调整"RS 物理阳光"和"平面.1"角度，使"衣服"的投影落在后面的平面上，如图 9-69 所示。

06 复制"RS 物理阳光"和"RS 穹顶光"，打开"细菌场景.c4d"文件并粘贴两个灯光对象，如图 9-70 所示。调整"RS 物理阳光"的角度，使其往右下方照射，产生柔和的阴影，如图 9-71 所示。

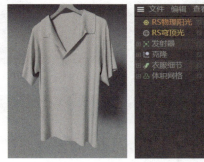

图 9-69　　　　　　图 9-70　　　　　　图 9-71

9.5.2　材质设计

打开"衣服.c4d"文件，新建"RS 相机"，将"焦距（mm）"设置为 80；调整其角度和位置，把视觉中心对准为场景，如图 9-72 和图 9-73 所示。

图 9-72　　　　　　　　　　　图 9-73

1. 衣服材质

接下来开始制作"衣服"的材质，步骤如下。

01 在"衣服.c4d"文件中，新建"RS 材质"，把"基底属性 > 漫反射 > 颜色"设置为 R：255，G：239，B：209，如图 9-74 所示。把"反射 > 粗糙度"设置为 0.4，如图 9-75 所示。把材质赋予"平面"对象，如图 9-76 所示。完成后效果如图 9-77 所示。

图 9-74　　　　　　图 9-75／图 9-76　　　　　图 9-77

02 新建"RS 材质",把"基底属性 > 预设"设置为"塑料",如图 9-78 所示。

把"漫反射 > 颜色"设置为 R:85,G:85,B:85,如图 9-79 所示。把材质赋予"衣架"对象,如图 9-80 所示。

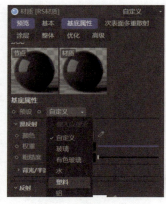

图 9-78

图 9-79

图 9-80

03 新建"RS 材质",把"基底属性 > 漫反射 > 颜色"设置为 R:245,G:245,B:245,如图 9-81 所示。

将"反射 > 粗糙度"设置为 0.3,如图 9-82 所示。把材质赋予"衣服"对象,如图 9-83 所示。

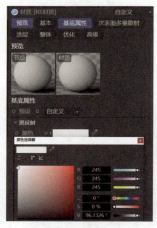

图 9-81

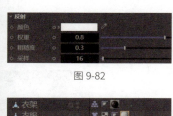

图 9-82

图 9-83

04 复制该"RS 材质",把"基底属性 > 漫反射 > 颜色"设置为 R:70,G:81,B:50,如图 9-84 所示。

在"面模式"中使用"框选"工具,选择"衣服"对象上的面,并执行"顶部菜单 > 选择 > 存储选集"命令,如图 9-85 所示。读者无须精准对照,根据画面视觉选择即可。

把材质球赋予"衣服"对象,"选集"设置为"多边形选集",如图 9-86 所示。白色衣服上产生了"污渍"的效果,如图 9-87 所示。

图 9-84

图 9-85

图 9-86

图 9-87

完成后执行"顶部菜单 > 文件 > 保存项目"命名完成文件保存。

2. 场景材质

接下来打开"细菌场景 .c4d"文件，开始制作该场景的材质，步骤如下。

01 新建"RS 材质"，把"基底属性＞漫反射＞颜色"设置为 R：245，G：245，B：245，如图 9-88 所示。

把"反射＞粗糙度"设置为 0.3，如图 9-89 所示。把材质赋予"衣服细节"，如图 9-90 所示。

02 新建"RS 材质"，把"基底属性＞预设"设置为"玻璃"，"反射＞粗糙度"设置为 0.3，如图 9-91 所示。

将"次表面＞透光率颜色"设置为 R：173，G：226，B：152，"吸收比例"设置为 0.04，如图 9-92 所示。

把"次表面＞散射系数"设置为 R：76，G：174，B：110，"散射比例"设置为 0.1，如图 9-93 所示。把材质赋予"克隆"对象，如图 9-94 所示。

完成后效果如图 9-95 所示。

图 9-88

图 9-89

图 9-90

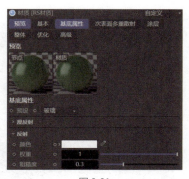

图 9-91

图 9-92

图 9-93

图 9-94

图 9-95

03 新建"RS 材质"，把"基底属性＞预设"设置为"玻璃"，"反射＞粗糙度"设置为 0.1，如图 9-96 所示。

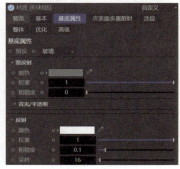

图 9-96

第 9 章　主图视频与实战：衣服去污动画　｜　199

进入"节点"面板,在"RS材质"节点单击鼠标右键,增加"添加输入 > 基底属性 > 折射 / 透射 > 颜色"端口,如图 9-97 所示。

新建"颜色混合"节点,"输入 1"颜色设置为 R: 144,G: 213,B: 255。把"输出颜色"连接至"RS材质"节点的"折射 / 透射 > 颜色"端口,如图 9-98 所示。

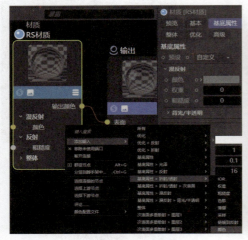
图 9-97

图 9-98

新建"菲涅耳"节点,把"IOR> 折射率"设置为 0.8,"IOR> 消光系数"设置为 0.01;连接至"颜色混合"节点的"混合量"端口,如图 9-99 所示。

把材质赋予"发射器 > 球体"对象,如图 9-100 所示,最终效果如图 9-101 所示。

图 9-100

图 9-99

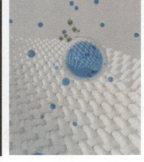
图 9-101

04 新建"平面"对象,"宽度"和"高度"均设置为 10000cm,"宽度分段"和"高度分段"均设置为 1,"方向"为 +Y,并放置于布料细节的下方,如图 9-102 和图 9-103 所示。

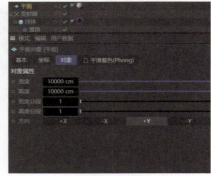
图 9-102

图 9-103

05 新建"RS相机",把"焦距(mm)"设置为80,调整其角度和位置,把视觉中心对准场景,如图9-104和图9-105所示。

图9-104

图9-105

06 复制"RS相机"为"RS相机.1",如图9-106所示。

把"播放指针"拖曳至100F,调整"RS相机.1"位置,推进"清洁粒子"作为视觉中心,如图9-107所示。

单击"记录活动对象"按钮,如图9-108所示。

把"播放指针"拖曳至200F,调整"RS相机.1"位置,单击"记录活动对象"按钮;再把"播放指针"拖曳至240F,单击"记录活动对象"按钮,如图9-109所示。

把"播放指针"拖曳至300F,调整"RS相机.1"位置,单击"记录活动对象"按钮,如图9-110所示。

图9-106

图9-108

图9-107

图9-109

图9-110

完成后打开"窗口>时间线窗口(摄影表)",可以看到"RS相机.1"的"关键帧"设置,如图9-111所示。

图9-111

完成后执行"顶部菜单>文件>保存项目"命令完成文件保存。

9.6 渲染设置

9.6.1 动画渲染参数设定

打开"衣服.c4d"文件,通过执行以下操作把"衣服"动画渲染设置好,并添加进渲染队列。

01 使用快捷键 Ctrl+B 打开"渲染设置"面板,进入 Redshift 选项卡,把"采样 > 渐进次数"设置为 300,开启"降噪 > 启用"选项,"引擎"设置为"Altus 单",如图 9-112 所示。

02 在"输出"选项卡中,把"帧范围 > 起点"设置为 30F,"帧范围 > 终点"设置为 90F,如图 9-113 所示。

图 9-112　　　　　　　　　　图 9-113

03 在"保存"选项卡中勾选"常规图像 > 保存"选项,并在"文件"框内选择保存的位置为"污渍衣服"文件夹,"格式"设置为 JPG,如图 9-114 所示。

04 完成渲染设置后,单击"顶部菜单 > 渲染 > 添加到渲染队列..."选项,把当前项目文件添加为"待渲染",如图 9-115 所示。

图 9-114　　　　　　　　　　图 9-115

05 把"衣服"对象的"污渍"材质删除,如图 9-116 所示。

图 9-116

06 在"输出"选项卡中把"帧范围 > 起点"设置为 90F,把"帧范围 > 终点"设置为 120F,如图 9-117 所示。

07 在"保存"选项卡中的"文件"框内选择保存的位置为"干净衣服"文件夹,如图 9-118 所示。

08 单击"顶部菜单 > 渲染 > 添加到渲染队列 ...",把当前项目文件添加为"待渲染",如图 9-119 所示。

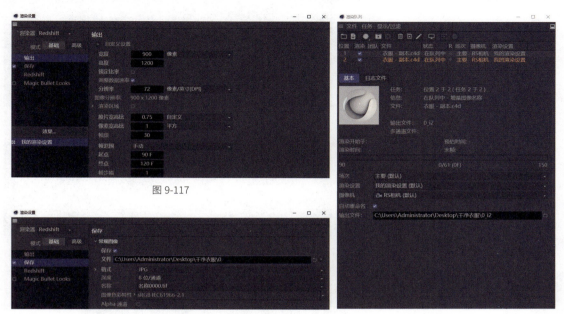

图 9-117

图 9-118

图 9-119

打开"细菌场景 .c4d"文件,通过执行以下操作来为"细菌场景"进行渲染设置,并添加进渲染队列中。

01 使用快捷键 Ctrl+B 打开"渲染设置"面板,进入 Redshift 选项卡,将"采样 > 渐进次数"设置为 300,开启"降噪 > 启用"选项,"引擎"设置为"Altus 单",如图 9-120 所示。

02 在"输出"选项卡中,把"帧范围 > 起点"设置为 0F,"帧范围 > 终点"设置为 100F,如图 9-121 所示。

03 在"保存"选项卡中勾选"常规图像 > 保存"选项,并在"文件"框内选择保存的位置为"细菌场景\分镜1"文件夹,"格式"设置为 JPG,如图 9-122 所示。

图 9-120

图 9-121

图 9-122

第 9 章 主图视频与实战:衣服去污动画 | 203

完成渲染设置后，单击"顶部菜单 > 渲染 > 添加到渲染队列 ..."，把当前项目文件添加为"待渲染"。

04 单击鼠标进入"RS相机.1"视角，如图9-123所示。

在"输出"选项卡中把"帧范围 > 起点"设置为101F，"帧范围 > 终点"设置为300F，如图9-124所示。

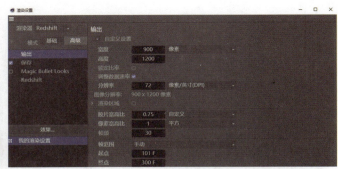

图 9-123　　　　　　　　图 9-124

05 在"保存"选项卡中勾选"常规图像 > 保存"选项，并在"文件"框内选择保存的位置为"细菌场景\分镜2"文件夹，如图9-125所示。单击"顶部菜单 > 渲染 > 添加到渲染队列 ..."。

图 9-125

完成上述步骤后，单击"开始渲染"按钮，Cinema 4D 将会自动按顺序执行"渲染"命令，对所有队列中的文件进行渲染，如图9-126所示。

图 9-126

9.6.2　AE 输出与合成

打开 Adobe After Effects，新建"合成"，设置"宽度"为 900px，"高度"为 1200px，"持续时间"为 0:00:14:00，如图9-127所示。

图 9-127

单击"确定"按钮后,把"污渍衣服""细菌场景/分镜 1""细菌场景/分镜 2"和"干净衣服"文件夹拖入项目文件中,并按前后顺序排列,注意序列帧图层前后必须无缝衔接,如图 9-128 所示。

单击"播放"按钮或拖动"播放指针",预览全部动画,如图 9-129 所示。

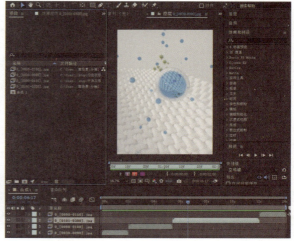

图 9-128

图 9-129

确认动画无误后,单击菜单"文件 > 导出 > 添加到 Adobe Media Encode 队列…",格式为"H.264",如图 9-130 所示。

图 9-130

导出完成后,使用播放器播放动画,如图 9-131 所示。

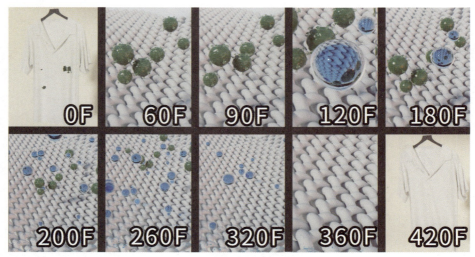

图 9-131

第 9 章 主图视频与实战:衣服去污动画 | 205

Cinema 4D
电商设计从入门到精通

第 10 章

材质、灯光与摄像机进阶实战与技巧

本章介绍了三维设计中的进阶知识,包括材质贴图、灯光技法和摄像机运用。通过学习不同的贴图类型、灯光布置技巧以及摄像机运镜方式,读者将能够在设计中更加灵活地应用这些技巧,从而创作出精致且具有层次感的作品。

10.1 材质贴图运用实战与技巧

10.1.1 材质贴图类型

在 Cinema 4D 中，为了给各种模型渲染逼真的纹理材质，我们通常使用 PBR 材质工作流来实现。

PBR 是 Physically Based Rendering（基于物理的渲染）的缩写。它是一种渲染技术，旨在模拟真实世界中光线的传播和相互作用，以达到更真实的视觉效果。

传统的渲染技术通常使用经验公式或近似方法来模拟光照效果，而 PBR 则基于物理原理，通过模拟光线的真实行为来呈现材质的外观。PBR 考虑了光线的反射、折射、散射等物理现象，以及材质的表面属性如漫反射、金属度、粗糙度等。

PBR 的优势在于能够产生更真实的光照效果和材质表现，使渲染结果更加逼真。它被广泛应用于电影、游戏和虚拟现实等领域，提升了图形渲染的质量和真实感。

PBR 渲染可以使用两种不同的工作流程，分别是镜面反射工作流（Specular Workflow）和金属度工作流（Metallic Workflow）。

镜面反射工作流：在这种工作流中，材质的表面属性由漫反射颜色、高光颜色和粗糙度来定义。漫反射颜色决定了物体的基本颜色，高光颜色定义了物体的镜面反射颜色，而粗糙度则决定了物体表面的光滑程度。这种工作流常用于旧版的渲染引擎和软件，如图 10-1 所示。

图 10-1

金属度工作流：金属度工作流是较新的 PBR 工作流程，也被称为金属度–粗糙度工作流（Metalness-Roughness Workflow）。在这种工作流中，材质的表面属性由金属度和粗糙度来定义。金属度指定了物体表面是金属还是非金属，而粗糙度决定了物体表面的光滑程度。这种工作流更加直观和易于使用，因此在现代的渲染引擎和软件中被广泛采用，如图 10-2 所示。

图 10-2

无论是传统工作流还是金属度工作流，它们都是通过模拟真实世界中光线的传播和相互作用，以达到更真实的渲染效果。选择哪种工作流取决于使用的渲染引擎和软件，以及个人的偏好和需求。

除此之外，两种工作流都有通用的贴图，分别是 Ambient Occlusion、Bump、Displacement、Normal，如图 10-3 所示。

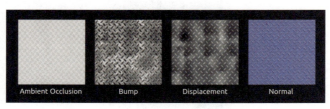

图 10-3

在实际工作中，并非每张贴图都需要使用，需要根据项目情况而定。

比如，不重要的、微小的、远处的模型，往往只需要简单的漫反射贴图即可；而当模型需要特写、重点刻画时，则可以添加完整的贴图包以获得更好的视觉效果。

10.1.2 标准渲染器与贴图

接下来以常用的金属度工作流为例，在 Cinema 4D 的标准渲染器中进行材质设置。

01 新建"天空"和"平面"对象，把"平面"的"宽度分段"和"高度分段"均设置为 100，如图 10-4 所示。新建"灯光"，放置在"平面"顶部，灯光可以方便我们更好地查看材质的反射效果，如图 10-5 所示。

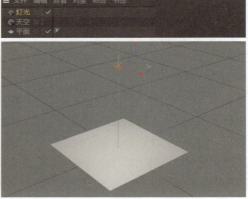

图 10-4　　　　　　　　　　　　　　图 10-5

02 打开"顶部菜单 > 渲染 > 编辑渲染设置"面板，把"渲染器"设置为"标准"；单击"效果"按钮，添加"环境吸收"和"全局光照"效果，如图 10-6 所示。

图 10-6

03 在"材质"面板创建"新的默认材质"，并把材质赋予"平面"对象，如图 10-7 所示。

图 10-7

04 在"颜色"属性中将"纹理"设置为 metal_plate_Base colour_2k.jpg,如图 10-8 所示。

使用快捷键 Shift+R 执行"渲染"命令,效果如图 10-9 所示。显得非常"假",这是因为光线没有针对材质的特点进行反射,使其没有融入真实环境中,看起来像一张平面的图片。

图 10-8　　　　　　　　　　　　　图 10-9

05 勾选"漫射"属性,把"纹理"设置为 metal_plate_ao_2k.jpg,如图 10-10 所示。

使用快捷键 Shift+R 执行"渲染"命令,此时效果图如图 10-11 所示。目前有了基础的阴影效果,这是因为 AO 贴图(Ambient Occlusion Map)是一种用于增强渲染效果的纹理贴图,可以模拟环境光的遮蔽效果,为场景中的物体提供更加真实的阴影和细节。

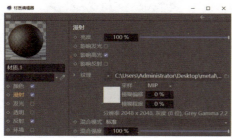

图 10-10　　　　　　　　　　　　　图 10-11

06 在"反射"属性中,单击"移除"按钮,把"默认高光"移除,如图 10-12 所示。单击"添加"按钮,新增"GGX"图层,如图 10-13 所示。

在"层 1"(GGX)图层中,把"粗糙度 > 纹理"设置为 metal_plate_rough_2k.jpg,如图 10-14 所示。

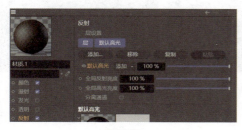

图 10-12

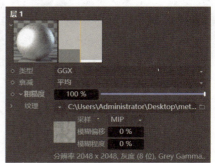

图 10-14

图 10-13

把"反射强度 > 纹理"设置为 metal_plate_metal_2k.jpg,如图 10-15 所示。将"层菲涅耳 > 折射率"设置为 1,"吸收"设置为 0,如图 10-16 所示。

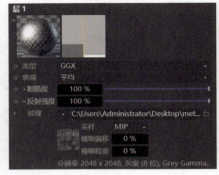

图 10-15　　　　　　　　　图 10-16

使用快捷键 Shift+R 执行"渲染"命令,此时效果如图 10-17 所示。有了适合该材质的反射和粗糙度,看起来更加真实,但是漫反射被新图层覆盖,导致还原度比较差。

图 10-17

07 取消勾选"颜色"属性,在"反射"属性中,单击"添加"按钮,新增"LamBertian(漫射)"图层,如图 10-18 所示。

对新建的"层 2"长按鼠标左键,拖放至"层 1"下方,如图 10-19 所示。在"层 2"中,将"层颜色 > 纹理"设置为 metal_plate_Base colour_2k.jpg,如图 10-20 所示。

图 10-18　　　　　　图 10-19　　　　　图 10-20

使用快捷键 Shift+R 执行"渲染"命令,此时效果如图 10-21 所示,漫反射颜色能更好地还原。

> **提示**
> 　　读者熟悉材质设置流程后,可直接按该步骤设置漫反射,无须重复在"颜色"属性中进行设置。

图 10-21

08 勾选"法线"属性,把"纹理"设置为 metal_plate_nor_gl_2k (1).jpg,如图 10-22 所示。使用快捷键 Shift+R 执行"渲染"命令,此时效果图如图 10-23 所示。

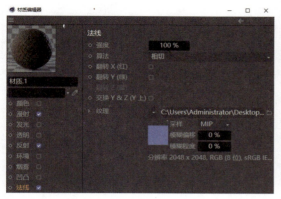

图 10-22

图 10-23

> **提示**
>
> 法线贴图(Normal Map)是一种用于增强渲染效果的纹理贴图。它主要用于模拟物体表面的细微凹凸细节,从而使物体在渲染时呈现出更加真实的光照效果。
>
> 法线贴图通过在模型的表面上添加 RGB 颜色值来表示每个像素点的法线方向。这些法线方向信息可以模拟物体表面的微小凹凸细节,例如皱纹、纹理、凹槽等。渲染器会根据法线贴图中的法线方向信息来计算光照的反射和折射,从而产生更加真实的阴影和高光效果。

09 勾选"置换"属性,把"纹理"设置为 metal_plate_disp_2k.jpg,勾选"次多边形置换"选项,如图 10-24 所示。"强度"和"高度"可影响贴图对于模型的影响程序,可根据场景需求自行调节。对于不同的渲染场景和贴图尺寸,可以在"视窗"中通过设置"纹理预览尺寸"来调整,如案例中使用的贴图是"2K",则把尺寸设置为 2048×2048(16MB),可最大化还原贴图的效果,如图 10-25 所示。

图 10-24

图 10-25

使用快捷键 Shift+R 执行"渲染"命令，材质的视觉效果更加真实，如图 10-26 所示。

> **提示**
> 与法线贴图不同，置换贴图不仅可以模拟物体表面的凹凸细节，还可以改变物体的实际几何形状。置换贴图通过在模型的表面添加灰度值来表示每个像素点的位移量。这些位移量可以根据灰度值的变化来改变物体表面的高度，从而使物体的形状发生变化。

图 10-26

10.1.3 节点模式贴图

在 Cinema 4D 中，使用 Redshift 渲染器时，由于其材质是通过节点控制的，与标准渲染器的材质设置不同，因此具体操作方法也不同。

01 新建"平面"对象，把"宽度分段"和"高度分段"均设置为 100；新建"RS 穹顶光"和"RS 物理阳光"，调整光线角度照亮平面，如图 10-27 所示。

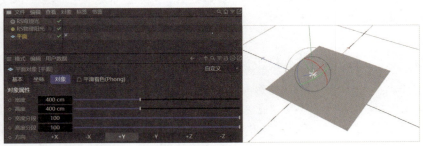

图 10-27

02 打开"顶部菜单 > 渲染 > 编辑渲染设置"面板，把"渲染器"设置为 Redshift，"渐进次数"设置为 100，开启"降噪"，"引擎"设置为"Altus 单"，如图 10-28 所示。

03 新建"RS 材质"，并赋予"平面"对象，如图 10-29 所示。

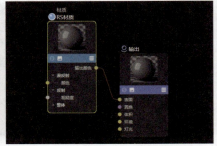

图 10-28 　　　　　　　　　　图 10-29

04 把 metal_plate_Base colour_2k.jpg 放进节点，并连接至"漫反射 > 颜色"端口，如图 10-30 所示。使用快捷键 Shift+R 执行"渲染"命令，效果如图 10-31 所示。

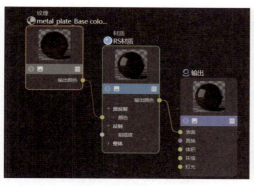

图 10-30

图 10-31

05 把 metal_plate_ao_2k.jpg 放进节点，并连接至 metal_plate_Base colour_2k.jpg 贴图的"调整 > 颜色乘数"端口，如图 10-32 所示。使用快捷键 Shift+R 执行"渲染"命令，可见材质拥有了简单的光影效果，效果如图 10-33 所示。

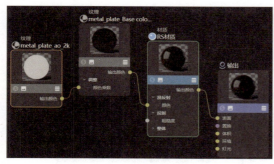

图 10-32

图 10-33

06 将 metal_plate_rough_2k.jpg 放进节点，并连接至"RS 材质"节点的"反射 > 粗糙度"端口，如图 10-34 所示。将 metal_plate_metal_2k.jpg 放进节点，并连接至"RS 材质"节点的"反射 > 金属度"端口，如图 10-35 所示。使用快捷键 Shift+R 执行"渲染"命令，效果如图 10-36 所示。

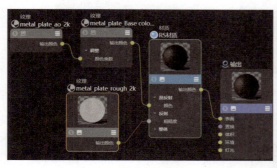

图 10-34

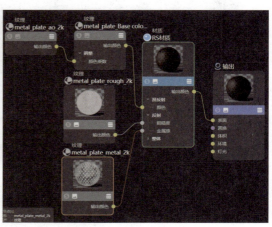

图 10-35

图 10-36

第 10 章 材质、灯光与摄像机进阶实战与技巧 | 213

07 按住 Ctrl 键同时选择 metal_plate_ao_2k.jpg、metal_plate_rough_2k.jpg 和 metal_plate_metal_2k.jpg，"颜色空间"统一设置为 Raw，如图 10-37 所示。将 metal_plate_Base colour_2k.jpg 的"颜色空间"设置为 sRGB，如图 10-38 所示。

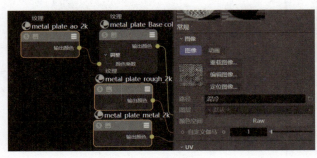
图 10-37

图 10-38

08 新建"凹凸贴图"节点并连接至"RS 材质"节点的"整体 > 凹凸贴图"端口；把 metal_plate_nor_gl_2k (1).jpg 放进节点，并连接至"纹理 > 输入"端口，如图 10-39 所示。

把"凹凸贴图"节点的"输入 > 输入贴图类型"设置为"相切空间法线"，如图 10-40 所示。将 metal_plate_nor_gl_2k (1).jpg 的"颜色空间"设置为 sRGB，如图 10-41 所示。

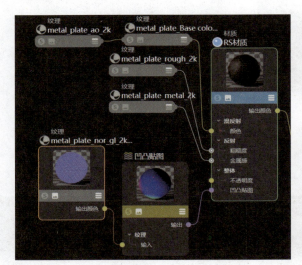
图 10-39

图 10-40

图 10-41

使用快捷键 Shift+R 执行"渲染"命令，此时效果如图 10-42 所示。

图 10-42

09 新建"置换"节点,并连接至"输出"节点的"置换"端口。将 metal_plate_disp_2k.jpg 放进节点,并连接至"置换"节点的"纹理 >TexMap"端口,如图 10-43 所示。将 metal_plate_disp_2k.jpg 的"颜色空间"设置为 Raw,如图 10-44 所示。将"置换"节点的"缩放"设置为 10,如图 10-45 所示。

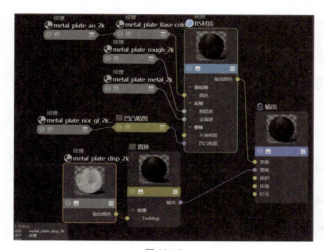

图 10-44

图 10-45

图 10-43

10 单击选择"平面"对象,右击鼠标添加"渲染标签 >RS 对象",勾选"覆盖"和"曲面细分 > 启用",如图 10-46 所示。勾选"置换 > 启用",把"最大置换"设置为 10,"置换比例"设置为 1,如图 10-47 所示。使用快捷键 Shift+R 执行"渲染"命令,效果如图 10-48 所示。

图 10-47

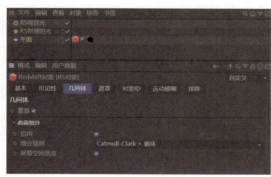

图 10-46

图 10-48

完成后的材质视觉效果如图 10-49 所示。

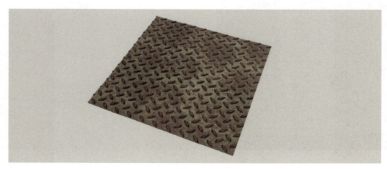

图 10-49

10.2 灯光技法进阶运用实战

10.2.1 灯光排除

在项目场景中，有时候需要在不影响其他物体的情况下，给指定物体单独布光，这时候就可以利用灯光排除功能来实现。

图 10-50 是一个简单的场景，右边的"RS 区域光"浅蓝色光线照亮了整个场景。

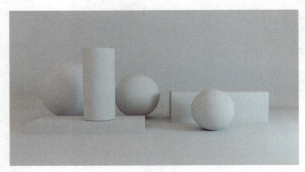

图 10-50

此时，在"RS 区域光"的"工程"选项卡中，将"模式"设置为"包含"，"对象"设置为"平面"，如图 10-51 所示。

可以看到只有"平面"被光线照亮，而其他模型则不受影响，如图 10-52 所示。

 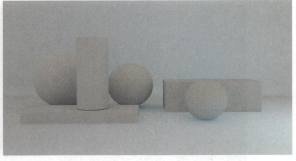

图 10-51　　　　　　　　　　　图 10-52

反过来，把"模式"设置为"排除"，则除了"平面"之外的模型都可以被照亮，如图 10-53 所示。

 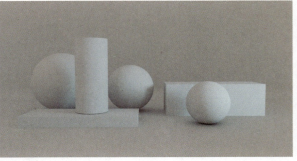

图 10-53

对于一些拥有明显高光的材质，如图 10-54 所示的黄金圆柱，在需要的情况下，可以通过隐藏灯光的反射来消除其高光。

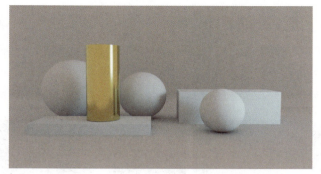

图 10-54

在"RS 区域光"的"细节"选项卡中，将"贡献>反射"设置为 0，则该灯光不会在被照射物体上形成反射，如图 10-55 所示。

物体依然被正常照亮，但黄金圆柱的白色高光已经被隐藏，如图 10-56 所示。

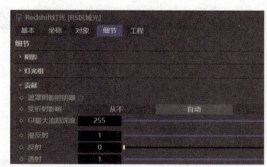

图 10-55　　　　　　　　　　　　　图 10-56

如果灯光本体需要出现在场景中，则可以通过勾选"可见"，把灯光显示在场景中并进行渲染，如图 10-57 所示。

如果关掉"可见"，则灯光本体将被隐藏，无法在视窗和渲染器看到，如图 10-58 所示。

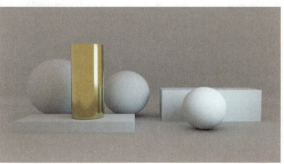

图 10-57　　　　　　　　　　　　　图 10-58

10.2.2 灯光布置技巧

对于不同的场景，需要搭配不同的灯光布置方法，每盏灯光的角度、位置、强度都会对画面产生不同的影响。

常见的产品三点打光，适合大部分基础场景。

首先是主光，放置在场景的左边斜上方，主要负责照亮物体，并且决定了场景的主要亮度和投影方向，如图 10-59 所示。

开启主光后，可以看到场景有了最基础的照明，模型上出现了明显的明暗交界线，如图 10-60 所示。

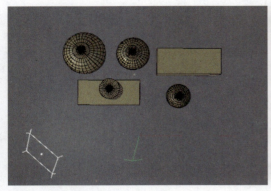
图 10-59

图 10-60

其次是辅助光，放置在主光的另一侧，用于补充主光的其他光源，增强场景的照明效果。辅助光可以放置在不同的位置和角度，以提供额外的光照和阴影细节，如图 10-61 所示。

开启辅助光后，场景的暗部被微微照亮。读者需要注意，辅助光的亮度应比主光小，这样才能在照亮暗部的同时，不破坏场景的明暗对比，不影响立体感，如图 10-62 所示。

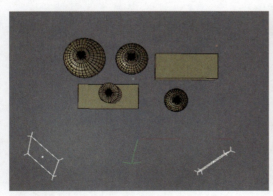
图 10-61

图 10-62

在这个基础上，我们继续添加轮廓光，放置于模型后方，背景前方。轮廓光可以照亮物体的边缘，从而增加物体与背景的层次感，如图 10-63 所示。

可以看见物体边缘出现了白色的轮廓光，可以避免物体与背景融为一体，更加突出主体的形状，如图 10-64 所示。

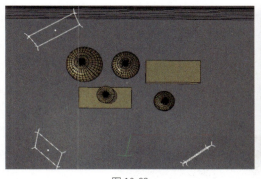
图 10-63

图 10-64

布光的方法并非统一规定，需要根据场景、主体形状和艺术风格自行搭配，读者可以在三点布光的基础上，通过更多有趣的灯光布置，制作出富有表现力的渲染作品。

10.2.3 冷暖灯光设计

冷暖灯光可以制作鲜明的对比效果，特别适合用于具有强烈艺术风格的作品。

通过把两盏不同颜色的灯光放在左右两边，可以让场景形成有趣的颜色对比，如图 10-65 所示。

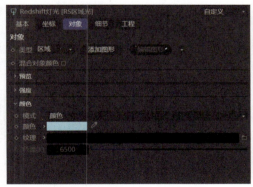

图 10-65

除此之外，也可以通过调节色温来控制灯光的冷暖，从而产生不同的颜色。色温（K）的数值越小，灯光颜色越暖（橙黄）；数值越大，颜色越冷（蓝紫），如图 10-66 所示。

在冷色的场景中，使用暖色的自发光材质，也可以达到同样的效果，如图 10-67 所示。

图 10-66　　　　　　　　　　　　图 10-67

10.2.4 目标灯光

在一些动画场景中，被照明的物体随着时间会不断产生位移，从而偏离了灯光照射范围，这时候我们需要通过不断调整灯光的照射角度或位置来保证匹配当前场景的光照效果，这无疑是非常麻烦的事情。

给灯光添加"目标"标签，同时将"目标对象"设置为"圆柱体"，可以把灯光的目标始终对准被照明的物体，如图 10-68 所示。

图 10-68

灯光可以随意移动，而角度会根据目标所在位置自动调整，让灯光始终有效照射在目标物体身上，如图 10-69 所示。最终效果如图 10-70 所示。

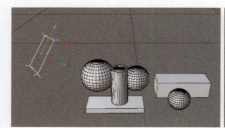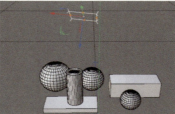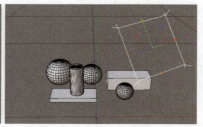

图 10-69

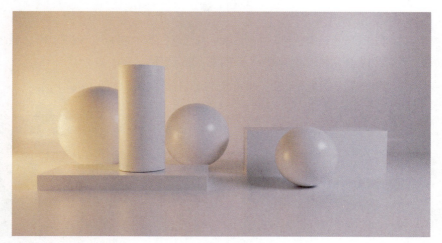

图 10-70

对于制作动画来说，给灯光添加"目标"标签无疑是非常方便高效的方法。

10.3 摄像机进阶运用实战

10.3.1 动画运镜方式

动画视频离不开对镜头的运用，在 Cinema 4D 中，通过调整摄像机的位置、角度和焦距等参数，可以实现非常多的花样运镜，以展现各种动画特效，下面是一些常见的方法。

1. **手动调整相机**：选择相机对象，然后使用移动、旋转和缩放工具来手动调整相机的位置、角度和大小。这种方法适用于简单的相机运动，可以直接在视口中进行操作。

2. **使用关键帧**：在时间轴上选择一个关键帧，然后调整相机的位置、角度和焦距等参数。然后在时间轴上选择另一个关键帧，并再次调整相机参数。Cinema 4D 会自动在两个关键帧之间创建平滑的相机运动。

通过对"RS 相机"各项参数的关键帧记录，可以制作出各种有趣的运镜动画，这也是最常见的运镜技术，如图 10-71 所示。

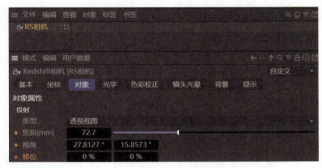

图 10-71

3. **使用路径动画**：创建一个路径对象，然后将相机对象拖放到路径上。通过调整路径的形状和方向，可以控制相机沿着路径移动。还可以调整相机的速度和曲线插值方式，以获得更加流畅的运动效果。相机被"绑定"在"曲线"上进行轨道运镜，如图 10-72 所示。

图 10-72

4. **使用摄像机标签**：在相机对象上添加摄像机标签，然后使用标签中的参数来控制相机的运动。例如：可以设置目标对象，使相机始终对准目标，并随着目标的移动而移动。

接下来将会介绍 3 种常用的运镜方式，值得注意的是，运镜方式并非独立，其相互之间是可以融合在一起的，比如曲线运镜结合关键帧记录，可以制作出控制自如的滑轨运镜方式。

10.3.2 轨道与跟随运镜

在 Cinema 4D 中,可以通过标签来模拟滑轨相机的运镜方式,步骤如下。

01 新建"RS 相机"并开启其视角,新建"人形素体"和"圆环",将"半径"设置为600cm,如图 10-73 所示。把"人形素体"放置于"圆环"的中心对齐,如图 10-74 所示。

图 10-73

图 10-74

02 单击选择"RS 相机",单击鼠标为其添加"动画标签 > 对齐曲线",将"曲线路径"设置为"圆环",勾选"切线",如图 10-75 所示。

03 新建"空白"对象,右击鼠标为"RS 相机"添加"动画标签 > 目标",把"目标对象"设置为"空白",如图 10-76 所示。

图 10-75

图 10-76

04 调整"空白"和"圆环"对象的位置,让其均对齐"人形素体"的中心位置,如图 10-77 所示。在相机视觉中的效果,如图 10-78 所示。

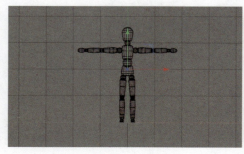
图 10-77

图 10-78

05 当"播放指针"位于0F时,单击"位置"左边的记录点,记录"关键帧",如图10-79所示。当"播放指针"位于90F时,把"位置"设置为100%,单击"位置"左边的记录点,记录"关键帧",如图10-80所示。

图 10-79

图 10-80

完成后单击"播放"按钮,即可看到相机沿着"圆环"进行旋转,在相机视觉中可以围绕"人形素体"进行360°旋转观看,如图10-81所示。

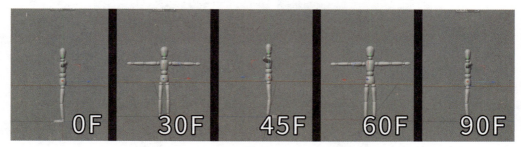
图 10-81

对"圆环"执行"转为可编辑对象"后,在"点模式"下选择任意点,单击鼠标右键执行"点顺序>设置起点"命令,即可把该点设置为摄像机的起点,如图10-82所示。

图 10-82

除了"圆环",任意样条都可以成为"轨道",用"样条"工具绘制合适场景的工具即可让相机沿着"样条"运动,如图10-83所示。

图 10-83

10.3.3 仿手持镜头

在 Cinema 4D 中，可以通过"振动"标签，让相机模拟出真人手持晃动的感觉，在制作实景合成等需要突出画面刺激和真实的场景中常常用到该运镜方式。

打开"运镜场景.c4d"文件，单击选择"RS 相机"，单击鼠标右键添加"动画标签 > 振动"，如图 10-84 所示。

勾选"启用位置"，"振幅"设置为 20cm、5m、15cm，"频率"设置为 1；勾选"启用旋转"，把"振幅"设置为 20°、5°、6°，"频率"设置为 1，如图 10-85 所示。

图 10-84   图 10-85

单击"播放"按钮，即可看到画面随着时间不断晃动，如图 10-86 所示。

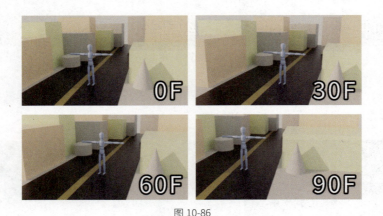

图 10-86

读者可以根据场景，调整"振幅"数值，数值越大，晃动感越强；"频率"决定晃动的单位时间内的次数，数值越大，晃动频次越高。对于需要模拟手持镜头的场景，"振幅"和"频率"的数值可以设置得更低。

10.3.4 希区柯克变焦

希区柯克变焦（Hitchcock Zoom），也被称为"远景推进""变焦推进"或"鱼眼镜头效果"，是一种电影拍摄技术，由著名导演阿尔弗雷德·希区柯克首次引入并广泛应用。

希区柯克变焦是通过同时调整相机的焦距和移动相机的位置来创造特殊的视觉效果。通常情况下，当相机前后移动时，焦距会随之改变以保持主体的大小不变。然而，希区柯克变焦通过在相机前后移动的同时调整焦距，使主体在画面中的大小发生变化，从而产生一种独特的视觉效果。

这种技术可以用来强调场景中的某个元素，或者用来表达角色的内心感受或紧张情绪。希区柯克经常在悬疑和惊悚片中使用这种变焦技术，以增强观众的紧张感和焦虑感。

在 Cinema 4D 中，我们也可以通过调整相机参数来模拟希区柯克变焦，步骤如下。

01 打开"运镜场景.c4d"文件，把"RS 相机"放置于"人形素体"前，如图 10-87 所示。

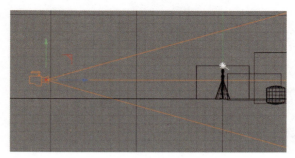

图 10-87

02 当"播放指针"位于 0F 时，单击"记录活动对象"，如图 10-88 所示。把"RS 相机"的"焦距（mm）"设置为 80，单击左边的"记录"按钮，记录当前"焦距"的"关键帧"，如图 10-89 所示。

 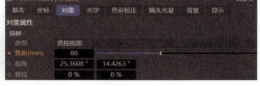

图 10-88　　　　　　　　　　　图 10-89

03 此时在相机视觉中的效果，如图 10-90 所示。

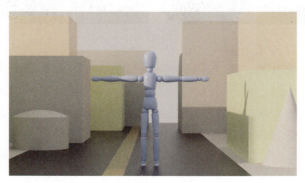

图 10-90

04 当"播放指针"位于 90F 时，把"RS 相机"移动靠近"人形素体"，单击"记录活动对象"，如图 10-91 所示。把"RS 相机"的"焦距（mm）"设置为 80，单击左边的"记录"按钮，记录当前"焦距"的"关键帧"，如图 10-92 所示。

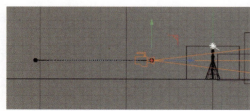 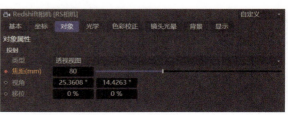

图 10-91　　　　　　　　　　　图 10-92

05 此时在相机视觉中的效果，如图 10-93 所示。

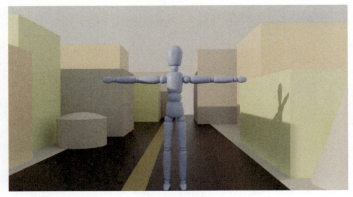

图 10-93

完成后单击"播放"按钮，播放的动画效果如图 10-94 所示。

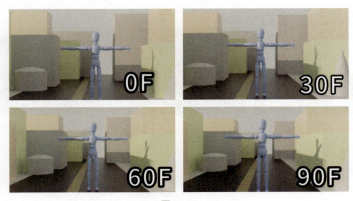

图 10-94

可以看到，随着相机逐渐靠近主体，背景变得越来越"远"离主体，但是主体的大小变化不大，且始终处于画面中心位置。

这就是希区柯克式的运镜，通过同时调整相机的焦距和移动相机的位置来创造特殊的视觉效果，读者可在一些需要突出主体的场景中，使用该运镜方式来增强画面的表现形式。